Engelgestütztes Handeln
Liebe bewegt und heilt

Michaela Glöckler

Engelgestütztes Handeln

Liebe bewegt und heilt

Bibliografische Information Der Deutschen Bibliothek
Die Deutsche Bibliothek verzeichnet diese Publikation in der Deutschen Nationalbibliografie; detaillierte bibliografische Daten sind im Internet über <http://dnb.ddb.de> abrufbar.

Gedruckt auf umweltfreundlichem,
chlorfrei gebleichtem Papier

Erweiterte* Neuauflage: Erstmals in
einem Band aufgelegt die Vorträge:
Vom Wirken der Engel im menschlichen Leben (1997),
Liebe als Verwandlungskraft (1999) und
**Wie erkenne ich meinen Engel?* (2004)

Esslingen 2023

Joachim E. Keding
Hölderlinweg 31, D-73730 Esslingen
http://www.gesundheitspflege.de
http://www.maennerleben.com

Umschlagbild: *Der Engel mit den goldenen Haaren*

Druck: Booksfactory

ISBN 978-3-932161-88-9

Verehrte Leserin, verehrter Leser,

die hier - erstmalig zusammen - aufgelegten Vorträge verbindet nicht nur die Referentin. Aus den vielen hundert, von der Gesundheitspflege initiativ-Gesellschaft im Laufe dreier Jahrzehnte durchgeführten Veranstaltungen, ragen diese drei Ereignisse heraus: Teilgenommen haben jeweils zwischen 700 und 1.400 Menschen. Veranstaltungsräume kamen an Grenzen: Teilnehmende saßen auf dem Boden, hinter der Rednerin auf der Bühne oder standen. Das Bewegende aber war die stille Andacht der Zuhörer: innen: Getragen von der Aufmerksamkeit im Raum, wuchs die Rednerin, gänzlich frei sprechend, an diesen Abenden noch über sich hinaus.
Eine nüchterne Stadthalle wurde für Stunden zu einer Feierhalle des Geistes. Mögen Sie beim Lesen und Ventilieren der zeitlosen Texte etwas von diesem Fluidum beleben und erfahren können.

Ostern 2023,
Joachim E. Keding

Vom Wirken der Engel im menschlichen Leben

Dem folgenden Kapitel Vom Wirken der Engel im menschlichen Leben *liegt ein am 23. Januar 1996 in Esslingen vor weit über tausend Menschen gehaltener Vortrag zugrunde.*

Da der Vortragsmitschnitt aus technischen Gründen nicht ganz vollständig ist, wurde der Text an einzelnen Stellen aus dem Kapitel Engel in dem Buch Elternsprechstunde von Michaela Glöckler ergänzt.

Verehrte, liebe Anwesende,

in den letzten Jahren werden vermehrt Filme, Fernsehreportagen und Bücher zum Thema Engel verarbeitet. Auch im kirchlichen Zusammenhang wird öfter darüber gesprochen. Mir ging es kürzlich so: Ich war bei einer evangelischen Beerdigung. Bei der Bestattungsfeier schloss die Pfarrerin die Andacht mit den Worten einer evangelischen Theologin, deren Name ich leider nicht behalten habe, über die Engel ab. Was sie da vorlas, enthielt in schlichten, zutreffenden Formulierungen die wesentlichen Motive des Engelwirkens: Schutz, Weggeleit, Wachsamkeit, Rettung, Reinheit und Selbstlosigkeit, auch das Idealische, das durch hellfarbige, sehr oft weiße Gewänder dargestellt wird. Alle diese Motive klangen in dem kurzen Text auf, und am Ende hieß es zusammenfassend:
Dein Engel sieht dich, er behütet dich, er ist dir im Sterben nahe, er ist besonders dann nahe, wenn du schläfst, wenn dein Bewusstsein erlischt; dann wacht er und ist bei dir.

Das Erstaunliche im Wahrnehmen der ganzen Situation war, welche Stimmung plötzlich in der Kapelle war. Es war eine kleine Trauergemeinde von höchstens dreißig Menschen. Am Anfang herrschte das, was man kennt: Einige kämpften mit den Tränen, die Stimmung war eher bedrückt, manche waren ruhig und gefasst. Dann plötzlich ein ganz tiefer Friede in dem Raum - einfach nur durch die Tatsache, dass da einige Worte vom Engel gesprochen worden waren.

Engel sind unsichtbar. Was wissen wir dennoch von ihnen?

Obwohl wir eigentlich vieles über die Engel wissen, sind sie uns dennoch recht unbekannt. Denn sie sind für unsere leiblichen Augen unsichtbar, für unsere leiblichen Ohren unhörbar. Wie können wir uns ihnen dennoch nähern und diese Wesen wahrnehmen, von denen wir heute immer öfter hören, die sogar ganz unerwartet in solche Bestattungsfeiern wie die erwähnte hereintreten und die Menschen berühren? Ist es nicht erstaunlich, dass Bilder, aber auch Worte und Gedanken über die Engel so etwas bewirken können, dass wir einfach spüren: Da ist etwas Reales geschehen - auch wenn wir es uns nicht richtig erklären können? Ich möchte versuchen, etwas dazu beizutragen, dieses Engel-Erleben, das wir im Grunde doch alle haben, besser zu verstehen. Da möchte ich zunächst das uns schon Bekannte aufgreifen und ein wenig näher beleuchten.

Schon der Name sagt etwas Wichtiges aus: Engel *(Angelos)* bedeutet der *Bote*. Er ist ein vermittelndes und wissendes Wesen, denn ein Bote bringt eine Botschaft. Er weiß etwas, was man selbst noch nicht weiß. So hat man auch den Engeln immer ein umfassendes Wissen zuerkannt. Schon in den frühen christlichen Jahrhunderten finden sich in der bildenden Kunst Engeldarstellungen, die dies zum Ausdruck bringen: im wissenden Blick, in der weisenden Geste, der schicksalswendenden Handlung, der vollkommenen Gestalt. - Auch das Leben des Christus wird, nach den Berichten der Evangelisten, von Engeln mit ihren Botschaften begleitet; man denke an die Verkündigung, die Freudenbotschaft bei der Geburt, die Stärkung im Todeskampf in Gethsemane.

Engel erscheinen immer dann, wenn Menschen in Grenzsituationen kommen. Meist sind dies Augenblicke höchster innerer oder äußerer Not. Da werden sie auch von Menschen angerufen, die sonst vielleicht gar nicht an sie denken. In solchen Augenblicken werden sie auch am ehesten wahrgenommen und erkannt. Bis in die Gegenwart herein haben sich viele Maler in der Darstellung von Engeln versucht. Alle Darstellungen stimmen dabei in den Hauptmerkmalen überein, wenn auch das eine oder das andere stärker betont sein mag. So gibt manchmal die Fingerhaltung die deutlichste Botschaft, ein andermal die bewegte Gestalt, die zeigt, dass es hier um einen Entwicklungsprozeß geht, dass ein Woher und ein Wohin vorliegt. Auf nahezu allen Engeldarstellungen fällt jedoch der überaus wache Blick auf. Wach, ernst und wissend richtet er sich auf den Betrachter des Bildes. In der Ikonenkunst werden auch Erzengel, Cherubim und Seraphim dargestellt. Je höher die hierarchische Ordnung ist, desto mehr Augen und Flügel werden diesen Wesen zuerkannt. Die Augen werden nicht nur im Gesicht, sondern auch an den Händen, den Flügeln, ja zuweilen am ganzen Leib dargestellt. Damit wird zum Ausdruck gebracht, dass diese Wesen alles in umfassendster Weise wahrnehmen und wissen.

Engel haben Flügel. Auch sie finden wir auf fast allen Darstellungen. Leichtigkeit, das heißt ein der Erdenschwere Nicht-Verhaftetsein spricht sich darin aus, aber auch eine starke Kraft und Beweglichkeit.

Oft halten die Engel Musikinstrumente in den Händen. Die vollkommene Harmonie, die sich in großen Musikwerken ausspricht, nennen wir gern himmlisch. Auch sagen wir, wenn wir eine schöne Stimme hören: Er oder sie *sang wie ein Engel*! Überhaupt wird das Wort Engel in der Umgangssprache häufig gebraucht. Wie oft wird gesagt: *Du bist wirklich ein Engel!* - auch wenn jemand vielleicht nur im richtigen Augenblick eine Briefmarke zur Hand hat, die gerade dringend gebraucht wird. Wenn das Richtige zum richtigen Zeitpunkt geschieht, empfinden wir das wie eine Fügung, wie ein Geschenk des Himmels, wie ein Engelereignis. Ähnlich ist es mit den moralischen Qualitäten des Menschen. Wir sprechen von *Engelsgeduld, Engelsgüte, Wartenkönnen wie ein Engel.* In Ibsens Drama *Peer Gynt* ist es Solveigh, die auf Peer Gynt wartet, während dieser in der Welt die verschiedensten Abenteuer besteht, zahlreiche Affären durchlebt, immer auf der Suche ist nach irgend etwas, rastlos. Er weiß jedoch, dass im hohen Norden seine Solveigh ist und auf ihn wartet. Sie wird im weißen Kleid dargestellt, weil ihr Verhalten mit menschlichen Begriffen nur schwer zu beschreiben ist. Andere Frauen reagieren in entsprechenden Situationen anders; sie stürzen in Verzweiflung oder gehen eine neue Beziehung ein, wenn sie verlassen werden. Solveigh jedoch gelingt es, die innere Ruhe nicht zu verlieren. Sie kann auf Peer Gynt warten, weil sie weiß, dass in der Beziehung zwischen Menschen nicht nur die zeitliche, sondern auch die ewige Dimension stets anwesend ist und gepflegt werden kann. So singt sie dann auch mit Engelstimme: *Ich will deiner harren, bis du mir nah, und harrest du dort oben* - das heißt, wenn du schon gestorben bist -, *dann treffen wir uns da.* Ihr ist es gleichgültig geworden, wo sie Peer Gynt wieder treffen wird. Für sie ist nurmehr entscheidend, dass sie ihn wiederfinden wird und jetzt schon die Nähe des geliebten Wesens erahnen kann und die innere Anwesenheit und Verbundenheit mit ihm durch die unerschütterliche Liebe empfindet. Menschen, die solche Eigenschaften entwickeln, sind der Welt der Engel näher. Sie finden die Brücke zwischen der sinnlichen und der übersinnlichen Welt, in deren Grenzbereich die Engel als vermittelnde Boten wirken.

In ähnlicher Weise werden Anwesenheit und Wirksamkeit von Engeln im Alten Testament geschildert, zum Beispiel im 91. Psalm:

Denn er hat seinen Engeln befohlen über dir,
dass sie dich behüten auf allen deinen Wegen,

dass sie dich auf den Händen tragen
und du deinen Fuß nicht an einen Stein stoßest.
Die Engel wirken als Vermittler, wenn der Mensch betet. Darauf weist auch das Hochamt der katholischen Kirche hin. Die Engel, insbesondere der Erzengel Michael, helfen, damit Gott die Opfergedanken und Gefühle der Menschen wahrnehmen kann. Es ist uns nicht gegeben, Gott unmittelbar zu schauen; die Unvollkommenheit des Menschen ist zu groß. Hier treten die Engel vermittelnd ein. Wenn wir beten, so werden unsere eigenen schwachen Worte und Gedanken wie auf den Schwingen des Engels vor den Thron der Gottheit hingetragen und durch sie dort hörbar. Dies lebt auch in dem Bilde aus der Offenbarung des Johannes, wo gezeigt wird, dass Engel zu den Gebeten der Menschen Weihrauch hinzutun:
Und der andere Engel kam und trat mit einem goldenen Rauchgefäß an den Altar. Ihm wurde viel Räucherwerk gereicht, damit er es zu den Gebeten aller Geist-Ergebenen spendete auf dem goldenen Altare angesichts des Thrones. (Apokalypse 8,3).
Die Engel nehmen sich der Gebete der Menschen an und machen etwas daraus, *substantiieren* sie, legen ihnen Substanz bei, bringen sie vor Gott.
Nicht zu unserem Engel beten wir, sondern mit ihm. Und es ist von weitreichender Bedeutung für

das Verhältnis zu unserem Engel, ob wir das Gebet üben oder nicht. Deshalb ist es gut, wenn schon die Kinder das Beten lernen und die andächtige Stimmung erleben dürfen, in der die Engel anwesend sein können.

Engelerfahrungen in der Dichtkunst

Dichter, die sich des Engelthemas annehmen, beschreiben ebenfalls die Qualitäten, die wir bereits angesprochen haben: die Grenzsituationen des Lebens, die Wachsamkeit, das Schützen, Geleiten, Behüten und Belehren, das Helfen, aber auch das Erschrecken. So heißt es bei Rainer Maria Rilke:

Wer, wenn ich schriee, hörte mich denn aus der Engel
Ordnungen? und gesetzt selbst, es nähme
einer mich plötzlich ans Herz: ich verginge von seinem
stärkeren Dasein. Denn das Schöne ist nichts
als des Schrecklichen Anfang, den wir noch grade
ertragen,
und wir bewundern es so, weil es gelassen verschmäht,
uns zu zerstören. Ein jeder Engel ist schrecklich.

Die Über-Macht des Engels, sein umfassendes Wissen, seine unsägliche Reinheit und Ruhe können einen Menschen vernichten, wenn sie ihn unvorbereitet treffen. Sie sind nur zu ertragen, wenn man bereit ist, sich zu verwandeln. Es bedeutet Freiheit für die menschliche Entwicklung, dass der Engel es verschmäht, dem Menschen zu nahe zu kommen. Er gibt vielmehr die nötige Zeit, sich auf die Begegnung mit ihm nach eigenen Kräften und Möglichkeiten vorzubereiten. Das Erlebnis, vom Engel verlassen zu sein, findet sich daher auch deutlich in Rilkes Engelgedichten, von denen ich Ihnen vier weitere zur Kenntnis geben möchte:

Seit mich mein Engel nicht mehr bewacht,
kann er frei seine Flügel entfalten
und die Stille der Sterne durchspalten –
denn er muss meiner einsamen Nacht
nicht mehr die ängstlichen Hände halten –
seit mich mein Engel nicht mehr bewacht.

*

Hat auch mein Engel keine Pflicht mehr,
seit ihn mein strenger Tag vertrieb,
oft senkt er sehnend sein Gesicht her
und hat die Himmel nicht mehr lieb. –
Er möchte wieder aus armen Tagen
über der Wälder rauschendem Ragen

meine blassen Gebete trage
in die Heimat der Cherubim. –
Dorthin trug er mein frühes Weinen
und Gedanken, und meine kleinen
Leiden wuchsen dort zu Hainen,
welche flüstern über ihnen ...

*

Wenn ich einmal im Lebensland
im Gelärme von Markt und Messe -
meiner Kindheit erblühte Blässe:
meinen ersten Engel vergesse -
seine Güte und sein Gewand,
die betenden Hände, die segnende Hand –
in meinen heimlichsten Träumen behalten
werde ich immer das Flügelfalten,
das wie eine weiße Zypresse
hinter ihm stand ...

*

Jeder Engel ist schrecklich. Und dennoch, weh mir,
ansing ich euch, fast tödliche Vögel der Seele,
wissend um euch. Wohin sind die Tage Tobiae,
da der Strahlendsten einer stand an der einfachen
Haustür,

zur Reise ein wenig verkleidet und schon nicht mehr
furchtbar;
(Jüngling dem Jüngling, wie er neugierig hinaussah).

Träte der Erzengel jetzt, der gefährliche, hinter den
Sternen
eines Schrittes nur nieder und herwärts: hoch
aufschlagend erschlug uns das eigene Herz
Wer seid ihr?

Wieder anders klingt es bei Christian Morgenstern. Für ihn war das Erlebnis entscheidend, dass der Engel eng mit unserem *besseren Selbst*, dem höheren Ich des Menschen verbunden ist. Er erlebte seine weisheitsvolle Führung in den Wechselfällen des Lebens und schrieb:

Du Weisheit meines höhern Ich,
die über mir den Fittich spreitet
und mich vom Anfang her geleitet,
wie es am besten war für mich, -

wenn Unmut oft mich anfocht: nun –
Es war der Unmut eines Knaben!
Des Mannes reife Blicke haben
die Kraft, voll Dank auf Dir zu ruhn.

Christian Morgenstern empfand auch den Schmerz, den der Engel empfinden muss, wenn der von ihm geleitete Mensch ihm untreu wird und unter sein Niveau sinkt. Er lässt den Engel zum Menschen sagen:

O wüsstest du, wie sehr dein Antlitz sich
verändert, wenn du mitten in dem Blick,
dem stillen reinen, der dich mir vereint,
dich innerlich verlierst und von mir kehrst!
Wie eine Landschaft, die noch eben hell,
bewölkt es sich und schließt mich von dir aus.
Dann warte ich. Dann warte schweigend ich
oft lange. Und wär ich ein Mensch wie du,
mich tötete verschmähter Liebe Pein.
So aber gab unendliche Geduld
der Vater mir und unerschütterlich
erwarte ich dich, wann du immer kommst.
Und diesen sanften Vorwurf selber nimm
als Vorwurf nicht, als keusche Botschaft nur.

Schon fast den Klang eines Volksliedes hat das folgende Gedicht von Novalis im Laufe der Zeit erlangt. Es schildert Rettung aus Seelennot und Qual:

Es gibt so bange Zeiten,
Es gibt so trüben Mut,
Wo alles sich von weiten
Gespenstisch zeigen tut.

Es schleichen wilde Schrecken
So ängstlich leise her,
Und tiefe Nächte decken
Die Seele zentnerschwer.

Die sichern Stützen schwanken,
Kein Halt der Zuversicht;
Der Wirbel der Gedanken
Gehorcht dem Willen nicht.
Der Wahnsinn naht und locket
Unwiderstehlich hin.
Der Puls des Lebens stocket,
Und stumpf ist jeder Sinn.

Wer hat das Kreuz erhoben
Zum Schutz für jedes Herz?
Wer wohnt im Himmel droben,
Und hilft in Angst und Schmerz?
Geh zu dem Wunderstamme,
Gib stiller Sehnsucht Raum,
Aus ihm geht eine Flamme
Und zehrt den schweren Traum.

Ein Engel zieht dich wieder
Gerettet auf den Strand,
Und schaust voll Freuden nieder
In das gelobte Land.

Eine andere Lebenssituation hat Rudolf Steiner beschrieben. Während des Ersten Weltkrieges begann er alle seine Vorträge mit einem Spruch an den Engel. Er gedachte zunächst derjenigen, die an der Front waren und ständig den Tod vor Augen hatten. Dann sprach er für die Menschen, die im Kampf bereits gefallen waren. Es sind Worte, die sich an den Schutzengel wenden:

Die ihr wachet über Erdenseelen,
die ihr webet an den Erdenseelen,
Geister, die ihr über Menschenseelen schützend
aus der Weltenweisheit liebend wirkt,
höret unsere Bitte, schauet unsere Liebe,
die mit euren helfenden Kräftestrahlen
sich erfüllet, geistergeben, Liebe sendend.

*

Für die im Feld Gefallenen sagte er:

Die ihr wachet über Sphärenseelen,
die ihr webet an den Sphärenseelen,
Geister, die ihr über Seelenmenschen
schützend aus der Weltenweisheit liebend wirkt,
höret unsere Bitte, schauet unsere Liebe,
die mit euren helfenden Kräfteströmen
sich einen möchte, geisterahnend, Liebe strahlend.

Man kann sich vorstellen, was in solchen Augenblicken an innerer Bewegung bei den Zuhörern entstand, wusste doch keine Frau unter den Anwesenden, ob ihr Mann, ihr Sohn in dieser Stunde noch lebte. Heute sind wir durch Krankheiten oder im Straßenverkehr zwar auch vom Tod bedroht, trotzdem durchleben wir unsere Tage relativ sicher. In solchen Zeiten empfinden wir die Engel nur, wenn wir sie aktiv suchen.

Warum ist es so schwer, dem Engel zu begegnen?

Da möchte ich zwei Motive noch einmal besonders hervorheben. Auf der einen Seite haben wir das *Ein jeder Engel ist schrecklich*, auf der anderen Seite, dass der Engel gleichsam als identisch mit dem höheren Ich erlebt wird: *Du Weisheit meines höhern Ich.* Die beiden Motive, zusammengesehen, machen verständlich, warum es uns so schwer ist, den Engeln bewusst zu begegnen; wir haben Angst vor ihnen, denn wir spüren instinktiv, dass diese Begegnung schrecklich ist. Warum aber ist sie schrecklich? Weil es eine Realität ist, dass der Engel für uns unser Zukunftsziel, unser höheres Ich verkörpert. Jedesmal, wenn wir an uns selber verzweifeln, wenn wir beispielsweise ein Ideal haben und spüren, dass wir diesem Ideal nicht genügen, erleben wir einen schwachen Abglanz von diesem Erschrecken vor uns selbst, vor dem Engel. Dieser Abgrund, der zwischen Ideal und Wirklichkeit klafft, ist schmerzlich und - schrecklich. Wenn man unvorbereitet, auf einen Schlag dem begegnen würde, der man eigentlich werden möchte, das heißt seinem eigenen Zukunftsziel, dann müsste man in demselben Augenblick auch erleben, was einen alles noch davon trennt. Vor dieser Selbsterkenntnis haben wir normalerweise Angst. Das ändert sich erst, wenn wir energisch den Entschluss fassen, uns weiterentwickeln zu wollen. Ohne diesen Entschluss ist das Erleben der eigenen menschlichen und moralischen Unzulänglichkeiten in ihrem vollen Ausmaß unerträglich. Insofern hängen beide Erfahrungen - die des

Schrecklichen und die des Höheren, des Ersehnten - engstens miteinander zusammen. Angesichts dieser Tatsache rettet uns nur der Wille zur Weiterentwicklung, zur Arbeit an uns selbst sowie die Zuversicht, das Ziel der Menschlichkeit zu erreichen, auch wenn wir jetzt noch weit davon entfernt sind.

Menschsein zwischen Tier und Engel

Wenn wir uns mit den Tieren vergleichen, fällt uns sehr bald auf, dass die Tiere durch ihre Natur so belehrt und entwickelt, so gut *erzogen* sind, dass sie sich überhaupt nicht weiterentwickeln können; sie sind schon vollendet - von Natur aus. Ein Hund braucht keine Beratung, wie er ein richtiger Hund werden soll; das wäre völlig undenkbar. Es gibt auch keine Konferenz im Stall, wo die Tiere zusammen beraten und überlegen, wie es in den nächsten Jahren mit ihnen weitergehen soll. Wir erwarten als eine Selbstverständlichkeit von sämtlichen Tierarten, dass sie perfekt sind in der ganzen Art ihres Lebens - und ihrer Sozialgestaltung. Ein Tier kann nie tierischer werden, als es seiner Bestimmung nach ist. Und mit der Geschlechtsreife benimmt es sich *anständig*, wie man es von einem Tier seiner Art erwartet.

Ganz anders ist es beim Menschen. Mit der Geschlechtsreife, der Pubertät fängt der Mensch gerade an, sich immer problematischer zu benehmen, als hätten die Eltern mit all ihren Erziehungsversuchen völlig versagt. Da brechen aus dem Jugendlichen Töne hervor, die der Erwachsene kaum erträgt, so dass Augenblicke kommen, wo er vor seinem Kind fast Angst hat, ja sogar Hassgefühle aufsteigen und eine Fremdheit, die er bisher nicht kannte. Er merkt: Jetzt beginnt in dem jungen Menschen die Selbständigkeit, die Suche nach sich selbst; jetzt habe ich im Grunde ausgesorgt. Die Fürsorge hört deshalb nicht gleich auf, aber der Einfluss ist immer weniger gefragt. Ja, es ist ganz erstaunlich: Mit der Pubertät erwarten die Kinder eigentlich, dass die Eltern schon Engel sind. Sie sollen nur noch das Gröbste verhindern, ein bisschen wachsam sein; sie sollen, wenn es hart auf hart geht, noch absichern und schützen und auch bezahlen, wenn aus Versehen - oder auch mit Absicht - mal etwas kaputtging, sie sollen einen versorgen, behüten und begleiten, aber ansonsten möglichst unsichtbar sein. Die Pubertierenden wissen ganz genau, was Engeleigenschaften sind. Und gerade so wünschen sie sich ihre Eltern. Nur in Augenblicken der Gefahr sind diese noch gefragt, gleichsam als Auffangnetz zur Wiederherstellung. Sobald man wieder fit ist: Nichts wie weg! Es ist charakteristisch für uns Menschen, dass die Weisheit, die in unserer physischen, körperlichen Konstitution doch zweifellos auch da ist, uns doch nicht so bestimmt und festlegt, dass wir alles so machen, wie es für einen Menschen richtig und sinnvoll ist, ja dass wir ihr sogar zuwiderhandeln können. Weder persönlich machen wir alles richtig noch sozial. Ja, wenn wir ehrlich sind, können wir noch weitergehen: Nicht einmal etwas so Natürliches wie das Schlafen funktioniert bei uns von selbst; da muss oft mit Medikamenten, mit Beratung, mit Meditation und Abendritualen nachgeholfen werden. Ganz zu schweigen vom Essen! Dass wir vom Essen, von Tischmanieren, von Rhythmus, von *nicht zu viel und nicht zu wenig* überhaupt reden müssen, zeigt, dass nicht einmal die biologische Uhr bei uns von selber richtig geht und wir zum Beispiel nicht Instinkt genug haben, rechtzeitig mit dem Essen aufzuhören. Es gibt ja ganze Kliniken, die davon leben, dass, wer zu viel gegessen hat, jetzt sein Gewicht reduzieren lernt. Das alles wäre undenkbar bei jemandem, der ein gesundes Instinktprogramm hat wie ein Tier. Wir sind also mit den Tieren nur sehr bedingt vergleichbar. Denn wenn wir uns tatsächlich wie Tiere benähmen, würden wir das gerade als nichtmenschlich erleben.

Wenn die menschliche Natur sich einfach nur gehenließe, wie es für die Tiere normal ist, würden wir sofort unter unser Niveau hinunter sinken. Wir sind eben keine Tiere - auch wenn uns das immer wieder weisgemacht werden soll und wir es auch gerne so hätten. Tiere müssen an ihrer Charakterbildung nicht lebenslang arbeiten; sie sind von Natur aus, was sie sein können.
Wir sind aber auch keine Engel, auch wenn sich die Pubertierenden das von ihren Eltern wünschen. Wir sind irgendwo dazwischen. In diesem Spannungsfeld zwischen Tier und Engel entsteht nun die Frage, wie es überhaupt möglich sein kann, unsichtbaren Wesen zu begegnen.

Vom Umgang mit dem Unsichtbaren

Die Welt der Sichtbarkeit endet bei Tier und Mensch. Höhere Wesen können wir nur noch denken, wir können sie nicht mehr mit körperlichen Organen, mit Händen oder Sinnesorganen, anfassen beziehungsweise wahrnehmen. Aber wir können sie gedanklich berühren. Es ist ein Charakteristisches für unsere Zeit, dass wir gewöhnlich nicht darauf achten, was uns dadurch gegeben ist, dass wir denken können. Wir wissen sehr wenig über

diese unsichtbare Betätigung und Kraftentfaltung, die wir Denken nennen. Was wollen wir denn damit sagen, wenn wir uns mit den Worten verabschieden: *Ich denke an dich*; oder: *Vergiss mich nicht*? Welche Realität ist damit angesprochen? Ist es nicht so, dass wir doch eigentlich spüren: Gedanken sind auch etwas Wirkliches und Wirksames?
Erstaunlich ist auch, dass wir über unser Denken nachdenken können. Wir können alles Sichtbare und Unsichtbare unseres Wesens bedenken und damit mitteilbar machen. In der mittelalterlichen Literatur hat man Thomas von Aquin, den großen scholastischen Denker, auch *Pater angelicus* genannt. *Angelicus* bedeutet engelhaft, der ganze Ausdruck also: *engelhafter Vater*. Die Zeitgenossen begründeten das so, dass sie sagten: Thomas kann überhaupt nichts Unwahres, Falsches mehr denken; sein Denken ist so rein und umfassend wie die Natur eines Engels. Damit wird auf die hervorstechendste Eigenschaft der Gedanken hingewiesen: Reinheit, Wahrhaftigkeit, Leichtigkeit, kurz: Engelartigkeit. Die Engelwelt ist - wie die Welt der Gedanken - charakterisiert durch Lauterkeit, Wahrheit, Reinheit, Wachheit, Durchsichtigkeit. Das Denken mit seinen Eigenschaften zeigt sich als gangbare Brücke in das Land der Engel. Und es kann empfunden werden, dass die Engelwelt

unmittelbar in unser Denken hereinragt. In jedem wahren, lauteren Gedanken können wir die Kraft des Engels spüren. Und jemanden, der nur noch in diesen Qualitäten denken kann, den hat man eben - so wie Thomas - als engelhaft bezeichnet. Und so führt ein ganz elementarer, wunderbarer Zugang zur Engelwelt über das Denken. Wenn wir unser Denken einmal daraufhin beobachten und prüfen, wie es die Engelwelt berührt, dann müssen wir natürlich zunächst einmal probeweise alle Gedanken ausschalten, die nur dadurch in unserem Kopf sind, dass wir irgendetwas sehen oder erlebt haben. Denn solche Gedanken beziehen sich alle auf die sichtbare Welt, in der wir die Engel ja gerade nicht wahrnehmen. Da erzählen uns die Gedanken von der Weltraumfahrt, von Australien, von den Kriegsschauplätzen, vom Supermarkt und so weiter; alle möglichen Alltagserfahrungen bilden sich da ab. Es gibt aber auch Gedanken, die sich auf nichtsinnliche Vorgänge und Eigenschaften beziehen. Diese können wir nicht direkt sehen. Dazu gehören zum Beispiel Treue, Ehrfurcht, Liebe, Wahrheit, aber auch dunkle Eigenschaften der Seele wie Hass, Arglist oder Trauer - all dies sind Eigenschaften von Wesen. Wahrheit, Liebe, Verschwiegenheit, Treue, Hilfsbereitschaft - es sind Ideale menschlicher Entwicklung, Charaktereigenschaften, die wir noch nicht voll besitzen, nach denen wir aber streben. Man kann zwar bestimmte Erlebnisse mit diesen Idealen in Verbindung bringen, wenn man aber zu einem Menschen sagt: D*u bist ehrlich, liebevoll, treu, selbstlos!* – dann wird dieser vielleicht antworten: *Hast du eine Ahnung! Das scheint dir jetzt vielleicht so, weil ich gerade mal das Glück hatte, nett zu dir zu sein. Aber du solltest mich mal erleben, wenn ich in Fahrt bin oder meine trüben Stunden habe, dann bin ich überhaupt nicht so.* - Das heißt, wir können von diesen Idealen immer nur kurzzeitige, momentane Eindrücke erleben, aber nie ihre Dauer und Vollkommenheit; eben deshalb sind es ja Ideale. Aber diese Ideale, das weiß jeder, der ein Ideal hat oder sucht, sind wunderbare, Kraft gebende Gedanken. Ein Lebensideal kann etwas sein wie ein guter, verlässlicher Freund, mit dem man sich unterhalten kann. So ist es mit dem Ideal der Liebe oder der Ehrlichkeit oder mit dem für uns besonders wichtigen Ideal der Freiheit. Viktor Frankl, der im Konzentrationslager eine Situation extremer Unfreiheit erlebte, entdeckte gerade in dieser Situation erst, was wirkliche Freiheit ist; in der schlimmsten Gefangenschaft wurde ihm plötzlich klar: Ob ich mich frei fühle oder nicht, hängt nicht von den äußeren Umständen ab, sondern von meiner inneren Einstellung zu diesen Umständen. Freiheit ist eine Dimension meines eigenen Wollens, meiner Selbsterfahrung, Freiheit kann nur ich mir geben, und äußere Zwänge kann ich beantworten durch innere Befreiungsakte.[1] - Das hat Viktor Frankl erlebt. Er konnte sich mit seinem Ideal unterhalten, konnte daran arbeiten, seine Einstellung immer so zu bilden, dass er sich noch als Mensch bewahren konnte. In entsprechender Weise kann sich jeder Mensch in schwierigen Lebenskonflikten mit seinem Lebensideal verständigen wie mit einem - seinem - unsichtbaren Engelwesen. Wieder andere Gesichtspunkte ergeben sich durch das Ideal der Liebe, der Wahrhaftigkeit, der Treue und so weiter. Immer können Ideale unsichtbare Gesprächspartner, echte Inspirationsquellen sein. Und in jeder Lebenslage kann ich mich, beziehungsweise mein Lebensideal, fragen, wie ich diese bestimmte Situation so bewältigen kann, dass ich dadurch freier, liebevoller, ehrlicher werde. Es kann natürlich auch geschehen, dass mir negative Gedanken kommen, Gedanken der Bitterkeit, des Hasses, des Zorns, und dass mir diese sehr viel mehr gefallen, so dass ich ihnen dann folge. Doch merke ich nach einer Weile, dass ich dadurch unfreier geworden bin und auch irgendwie schwächer, selbst wenn ich mich mit meiner Bitterkeit und meinem Zorn im Recht gefühlt habe. So können wir bemerken, dass sich jeder Gedanke auf eine sinnlich gegebene oder übersinnliche Wirklichkeit bezieht. Naturgesetze beziehen sich auf die Natur. Vorstellungen beziehen sich auf etwas, das wir in der Welt gesehen haben. Ideale beziehen sich auf etwas Unsichtbares, das aber so real ist, wie in der sichtbaren Welt Tische und Stühle real sind. Daß Ideale eine Realität sind, können wir daran erleben, dass sie in schwierigen Lebenssituationen Kraft geben und uns tragen können, so dass wir uns nicht fallenlassen. Mit diesem Tragen, Begleiten, Schützen, Beraten sind aber wiederum Engeleigenschaften beschrieben. Rudolf Steiner hat aus seiner Erforschung der Engelwelt immer wieder in Schriften und Vorträgen dargestellt, dass die Engel im menschlichen Gedankenleben unmittelbar anwesend sind. Sie schauen unsere Gedanken an; und wenn sie daran irgendetwas Idealisches erleben können, dann nehmen sie diese Gedanken gleichsam als ihre Nahrung in sich auf. Für die sichtbare Welt der Naturreiche hat der Engel keine Wahrnehmungsorgane, sein Reich ist die höhere Welt, die geistige Dimension des Daseins. Aber für die Menschengedanken, die sich auf Ideale beziehen, hat er ein ganz unmittelbares Verständnis.

Damit sind wir an einem ganz interessanten Punkt. Wenn wir einmal abends Rückschau halten und uns fragen, wo wir während des Tages wirklich aus

Idealismus gehandelt und uns mit unserem Ideal beraten haben, dann werden wir bemerken, dass es gar nicht so oft gewesen ist. Vielleicht erinnern wir uns aber auch an einen Augenblick, wo uns mitten in einem Gespräch, als wir gerade etwas ziemlich Hartes, wenn auch Berechtigtes sagen wollten, plötzlich der Einfall kam, damit noch zu warten. Und in diesem Moment ringt sich der andere nach einigem Schweigen ebenso unerwartet eine Entschuldigung ab. Die ganze Situation ist verändert. Woher kam dieser *spontane* Einfall? Woher kommen die Gedanken, die uns motivieren, dies oder jenes auszusprechen oder zurückzuhalten? Nur selten achten wir auf solche Phänomene oder stellen solche Fragen. Aber wenn man in der heute veröffentlichten Engel-Literatur nachliest, findet man in Hülle und Fülle dergleichen Geschichten. Da erzählt beispielsweise ein Lehrer, wie er mit seiner ganzen Klasse im Gebirge unterwegs ist. Plötzlich ruft er ganz laut - er geht vorne an der Spitze, es ist ein schmaler Pfad, und alle gehen im Gänsemarsch -: *Wartet einen Augenblick, ich muss mir meine Schuhe binden!* Die Klasse bleibt stehen, und im gleichen Augenblick donnert ein riesiger Felsbrocken vor dem erschrockenen Lehrer ins Tal. Die Schüler flüstern einander zu: *Woher hat er das gewusst, dass wir stehen bleiben sollen?* Nur die

Vorderen hatten überhaupt verstanden, dass er sich die Schuhe binden wollte, die anderen waren eben stehen geblieben. Und der Lehrer selbst wundert sich, dass er so laut geschrien hat, er wolle sich die Schuhe binden. Denn als er zu seinen Schuhen hinunterguckt, sieht er sie wunderbar geschnürt und überhaupt nicht offen. Es war ihm eben nur der Gedanke gekommen, er müsse sie binden, und von diesem Gedanken bewegt, war er wie angewurzelt stehen geblieben.

Folgen der Engelbegegnung

Wenn man einen Menschen fragt, der durch einen rettenden Einfall oder eine innere Stimme oder ähnliches plötzlich angehalten und aus Todesgefahr gerettet wurde: Ja, wie ist denn dein Leben danach weitergegangen, hat dieses Erlebnis dein Leben verändert? - dann bekommt man übereinstimmend zur Antwort: Es hat mich dieses Erlebnis viel wacher und viel dankbarer dem Leben gegenüber gemacht. Dankbarkeit und eine erhöhte Aufmerksamkeit sind eigentlich immer das Ergebnis einer Engelbegegnung. Rudolf Steiner beschreibt Dankbarkeit als die seelische Eigenschaft, die einen dem eigenen Engel am leichtesten näherbringt.

Man kann sie beispielsweise so entwickeln, dass man am Abend nicht nur auf den Stress des Tages und das Misslungene zurückschaut, sondern sich überlegt: Was hätte heute alles passieren können, ein Unfall, ein Einbruch in die Wohnung, ein Überfall im Parkhaus, der Ausbruch einer schweren Krankheit und so weiter? Wenn man sich dann bewusst macht, dass man den ganzen Tag über vor all diesen Gefahren - oder vor vielen - behütet war, kann sich Dankbarkeit einstellen, und diese Empfindung ändert dann auch die ganze Seelenverfassung und stimmt uns froh und andächtig. Es kann bei dieser Rückschau auch deutlich werden, dass die Gefahren und Probleme, die uns treffen und vor denen wir nicht geschützt waren, in unser Leben hereingehören. Denn wir brauchen auch die schmerzvollen Lebenserfahrungen. So wie Freude und Dankbarkeit uns gleichsam Flügel verleihen, so öffnen uns Leid und Schmerz die Augen für neue, tiefe Dimensionen des Lebens und bringen Erkenntnis und Einsicht. Wir lernen für das Menschwerden nicht nur aus den glückhaften Stunden, sondern ganz besonders auch aus dem immer wieder zugelassenen Schmerz. Wer so über seine Tage und ihre *Führung* nachzudenken beginnt, erlebt, dass sich mit dieser neuen Dankbarkeit in der Seele andere, vielleicht ganz neue, ungewohnte Gedanken einstellen.

Rudolf Steiner erzählt auch, dass man sich jede Nacht mit seinem Engel über den nächsten Tag berät und sich darüber verständigt, was man braucht, um dessen helle und dunkle Seiten zu bestehen. Das bleibt uns zwar unbewusst; wir können aber, wenn wir es ernst nehmen, hoffen, dass uns am Tag zum richtigen Zeitpunkt das Richtige einfällt, nicht zu viel und nicht zu wenig, was wir brauchen, um ihn gut über die Runden zu bringen. Manchmal ragen auch Träume oder echte Erinnerungen an die nächtliche Zwiesprache mit dem Engel in unser Tagesleben herüber. Ist man offen für diese zarten Erlebnisse, dann entstehen Vertrauen und die Zuversicht, dass man für die Verpflichtungen und Aufgaben des Tages mehr Kraft zur Verfügung haben wird.

Wer sich in dieser Weise übt, Dankbarkeit zu entwickeln, kommt jedoch immer wieder auch an harte Grenzen. Ich hatte beispielsweise eine Zeitlang nicht mehr an diese Übung gedacht, bis ich einmal etwas sehr Unerfreuliches, ja Beleidigendes erlebte. Ich war irritiert, verärgert, verstimmt. In dieser seelisch auch ein bisschen gelähmten und verzweifelten Stimmung fiel mir dann plötzlich diese Sache mit der Dankbarkeit wieder ein. Da spürte ich etwas wie Spott und Hohn in mir aufsteigen: *Das kann man ja leicht sagen! Aber wenn man so etwas erlebt hat, wie ich erlebt habe!* Ich merkte, wie stark in der Seele auch die Kräfte sind, die gerade in solchen Augenblicken von der Engelwelt nichts, absolut nichts wissen wollen, so dass der Mensch geneigt ist, die dunklen Seiten seines Lebens als nicht zu sich gehörig abzulehnen. Da findet man es dann schrecklich, mit einem Gedanken konfrontiert zu werden, der *Verzeihung* heißt. Soll man denn einfach so verzeihen und so tun, als sei nichts gewesen? Das geht doch nicht! Ich habe dann einige Zeit unter dem Eindruck dieser gedrückten Stimmung gelebt, habe zwar immer versucht, daran zu arbeiten - aber es ging nicht. Und dann eines Morgens - es war Herbst - sehe ich ein drei- oder vierjähriges Kind ganz allein fröhlich durch das raschelnde Herbstlaub laufen, mit leichtem Schritt, manchmal machte es kleine Kickbewegungen und freute sich an den aufwirbelnden Blättern. Indem ich das sah, war mit einem Ruck meine ganze miese Stimmung wie gebrochen; es war, als sei ein Sonnenstrahl durch die Wolken gekommen. Ich musste plötzlich lächeln über dieses Kind und auch über meine Verbiesterung. Am Abend dieses Tages hatte ich wirklich den Eindruck: Ja, so können es die Engel auch machen; sie können einfach dafür sorgen, dass man so eine Episode auf dem Weg mit den richtigen Augen sieht. Die *richtigen Augen* sind aber Gedanken, hier der Gedanke an die Leichtigkeit und Fröhlichkeit in Kindertagen. - Nun, das ist eine scheinbar unbedeutende Begebenheit; aber ihre Wirkung ist so, dass sie einem die Seele wieder ordnet und verwandelt, dass sie wieder klare Perspektiven schafft und die Prioritäten - die Erkenntnis dessen, was jetzt wichtig ist und was unwichtig - neu setzen hilft. An der starken Wirkung merkt man, dass hier mehr im Spiel war als ein zufällig durch raschelndes Herbstlaub laufendes Kind.

So fangen in ganz schlichter, alltäglicher Weise übersinnliche Erfahrungen an. Sie beginnen damit, dass man ein neues Verhältnis bekommt zu seinen Gedanken, zu seinen Einfällen, zu der Art, wie die unsichtbare Welt der Gedanken, die Bilder, die Erfahrungen mit Menschen zu einem sprechen. Die Voraussetzung für eine solche Einstellung zum Leben ist natürlich ein gewisses Maß an Idealismus. Denn wer einmal Dankbarkeit wirklich erlebt hat, wird sich nach diesem Gefühl immer wieder sehnen. Das ist schon ein bisschen Himmel. Man merkt dann auch, dass man sich gar nicht richtig als Mensch fühlen kann, wenn man nur immer unzufrieden ist. Und wenn man gar keinen Grund für Zufriedenheit und Dankbarkeit findet, dann ist man eben nicht aufmerksam genug, dann ist man sozusagen nicht richtig gestimmt, sich vom Wesentlichen beeindrucken zu lassen.

Engel, Erzengel und Zeltgeister

Es gibt nicht nur Engel; es gibt auch Erzengel und Urkräfte, Zeitgeister. Im Neuen Testament wird von den *himmlischen Heerscharen* gesprochen, und die Kirchenväter haben noch alle Hierarchien aufgezählt und mit Namen genannt. Da sind die höchsten Engelwesen, die Seraphim, die Geister der Liebe, sodann die Cherubim, die Geister der Harmonie, und die Throne, die Geister des Willens. Unter ihnen wirken die Kyriotetes, die Geister der Weisheit, dann die Dynameis, die Geister der Bewegung, und die Exusiai, die Geister der Form, von denen im Neuen Testament oft die Rede ist (in den Übersetzungen werden sie oft *Vollmachten* genannt). Schließlich folgen die Archai, Geister der Persönlichkeit oder Zeitgeister, die eine ganze Zeitepoche bestimmen, sodann die Archangeloi, die auch Volksgeister genannt werden, da sie Völker und Menschengruppen betreuen, und - den Menschen am nächsten - die Angeloi, die Boten, die für den einzelnen Menschen da sind, ihn zu begleiten und zu beschützen. Diese ganze unsichtbare Welt hierarchischer

Wesen steht innerlich mit dem Menschen in Beziehung - zunächst über das Denken, vermittelt durch die Engel. Ihre Wesenseigenschaften sind uns in Form von Idealen zugänglich, die uns in unserer Entwicklung weiterbringen. So wie wir immer unmenschlicher werden, wenn wir nur einfach unserer Natur folgen und uns gehenlassen, so werden wir immer menschlicher, je mehr ideale Vorstellungen davon wir uns bilden, wie wir denn werden wollen als Mensch, und dann anfangen, systematisch Tag für Tag an der Verwirklichung dieser Zukunftsideale zu arbeiten. Dieses Geheimnis be-rührt Christian Morgenstern, wenn er vom Engel sagt, er sei d*ie Weisheit meines höhern Ich*, denn der Engel lebt in unseren Idealen. Diese kann er als unser Höchstes, als unsere echte Menschlichkeit wahrnehmen; und er begleitet uns so lange, bis wir ihm ähnlich geworden sind. Dann hat er seine Aufgabe an uns erfüllt. Es ist ja ganz selbstverständlich, dass wir Ideale dieser Art nicht in einem einzigen Erdenleben verwirklichen können. Und so wird, wenn man anfängt, die Engelwelt ernst zu nehmen und auch die eigene Entwicklungsfähigkeit zu entdecken, der Wiederverkörperungsgedanke geradezu zu einer Notwendigkeit, die aus dem Nachdenken über unsere Entwicklungsfähigkeit selbst hervorgeht. Und die Arbeit, uns wirklich höher zu entwickeln, ein höheres Ich zu entwickeln und damit immer menschlicher zu werden, als wir es heute sind, sie läßt uns sagen: Ohne eine solche Zwiesprache mit höheren Wesen können wir eigentlich gar nicht zu einer höheren Stufe unseres Menschseins aufsteigen. Der Sinn von Gebeten, von religiösen Übungen, von Meditationen liegt ja darin, dass sich der Mensch in innerer Arbeit an höhere Wesen anzuschließen versucht, um seine geistige Natur in der körperlich-natürlichen stärker zu verankern. Dadurch erfährt er unmittelbar, dass er Anteil hat sowohl an der sichtbaren als auch an der unsichtbaren Welt. Diese Entdeckung beginnt beim heutigen Menschen bei solchen Idealbildungen, bei solchen ersten Berührungen mit dem Engel, der einem immer wieder durch die Gedanken hindurch von dem erzählen möchte, was wir einmal in Zukunft werden können. Wenn wir mit unserem Lebensideal Zwiesprache halten, halten wir eigentlich immer Zwiesprache mit unserem Engel. Und so wie wir uns als Erdenmenschen aus den Naturreichen, von Mineral und Pflanze und Tier, ernähren, so ist jede Menschlichkeit, die wir neu entwickeln, für unseren Engel Nahrung, geistige Nahrung, freudiges Erleben, woran er selbst etwas lernt, indem er uns begleitet.

Wenn wir das Engelhafte, das zu unserem Wesen gehört, ja, das unser höheres Wesen selbst ist, mit Ernst pflegen und erkennen, dass wir ohne diesen Idealismus das Zentrum unserer Menschlichkeit verlieren, dann sind wir auch so weit, dass wir noch einen Schritt weitergehen und uns fragen können: Ist es möglich, über die Engelwelt hinaus in unserem alltäglichen Leben auch eine Erfahrung der Erzengel-Qualität zu machen? Hans-Werner Schroeder hat in seinem schönen Buch über *Mensch und Engel*[2] den Unterschied zwischen Engel und Erzengel bildhaft ausgedrückt, indem er sagte, man sehe den Unterschied schon daran, dass der Erzengel größere Flügel hat; das heißt, da passen viele Menschen darunter, nicht nur einer. Das ist ein Bild für die sozial-verbindende Kraft eines Erzengels. Erzengel leben als führende Geister in Menschengemeinschaften, beispielsweise in Religionsgemeinschaften, weshalb sie auch in der christlichen Kirche - vor allem Michael und Gabriel - eine wichtige Rolle spielen. Darüber hinaus leiten sie aber auch Völker, Stämme, Familien und auch die eng miteinander verbundenen Menschen von Arbeitsgemeinschaften.

Wie nun die Engel mit ihrer Aufmerksamkeit und ihrem Leben bis in das menschliche Denken herunterragen, so die Erzengel bis in das menschliche

Fühlen.[3] Gefühle sind es, die Menschen verbinden. Gefühle sind es auch, die Menschen zu Völkern, Religionsgemeinschaften, Familien und Arbeitszusammenhängen zusammenschließen. Im Gefühlsleben sind wir viel weniger individuell als im Denken, hier stimmen wir mit unseren Grundempfindungen mit vielen Menschen, die ähnlich sind wie wir, überein. Daher bildet das Fühlen die Grundlage für die Wahrnehmung der Erzengelwesen, aber auch für deren Führung. Und wieder hängt die Art beider davon ab, welche Empfindungen die Menschen pflegen. So wie die Engel nur die Gedanken wahrnehmen können, die sich auf Geistiges beziehen, so können auch die Erzengel nur mit den Gefühlen der Menschen etwas anfangen, die sich auf Wesentliches und Wesenhaftes richten. Gefühle, die nur materiellen Werten oder aber persönlichen egoistischen Interessen gelten, können von den Erzengeln nicht wahrgenommen werden. Sie haben nur Interesse an dem, was Menschen verbindet, trägt und erhebt und in ihrer Entwicklung weiterbringt. So sind Gefühle wie Andacht, Liebe, Dankbarkeit, Verehrung und Vertrauen ihre Nahrung, ebenso die idealistische Gestimmtheit und die frohe Begeisterung für die großen Zielsetzungen der Entwicklung und die Hoffnung der Zukunft gegen über. Wenn Menschen sich immer wieder bewusst Gefühlen hingeben, durch die sie sich liebevoll, zuversichtlich und mittragend mit anderen vereinigen, dann können Erzengelkräfte dieses Streben stärkend begleiten. Die Zeitgeister hingegen, die Archai oder Urkräfte, haben eine unmittelbare Beziehung zu den menschlichen Taten. Sie ragen mit ihren Wahrnehmungen bis in das Wollen herunter, durch das jeder einzelne Mensch seinen Beitrag zur Entwicklung und zur Lebensgestaltung auf der Erde leistet. Jede Tat steht, nachdem sie getan ist, objektiv in der Welt und gehört der ganzen Menschheit an. Durch die wechselnde Regentschaft ganz bestimmter Zeitgeister, die für gewisse Epochen der Menschheitsentwicklung führend sind, wird der menschliche Wille jeweils in anderer Weise impulsiert. Er kann zeitgemäß inspiriert werden, wenn der Mensch mit seiner Lebensarbeit dem Zeitgeist dienen möchte und bestrebt ist, mit den Fragen zu leben: Was ist heute nötig? Was wird für die nächste Zukunft gebraucht? Wie lerne ich, meine Kräfte für das Wesentliche und Notwendige einzusetzen, statt sie in allem möglichen zu zerstreuen und zu zersplittern? Auch hier ist es so, dass sich die Zeitgeister, die für den Menschenfortschritt arbeiten, nur mit den Taten und Willenskräften der Menschen verbinden können, die sich für die fortschreitende Entwicklung einsetzen und sich nicht hemmend dagegenstellen.

Von der Realität *böser* Engelwesen

Im Neuen Testament wird wiederholt vom *widerrechtlichen Fürsten dieser Welt* gesprochen, und in der Apokalypse des Johannes tritt deutlich zutage, mit welchen Widerständen und Hemmnissen die Menschheit zunehmend zu rechnen hat. Es gehört wohl zu den schmerzlichsten Erkenntnissen, wenn man beginnt, sich für die Welt der Engel und ihre Wirkungen im Menschenleben zu interessieren, anerkennen zu müssen, dass es nicht nur gute, dem Menschenfortschritt unmittelbar dienende Engelwesen gibt, sondern auch solche, die von der göttlichen Weltenlenkung beauftragt sind, sich als *gefallene Engel* als hemmende, entwicklungsfeindliche, ja böse Gewalten in das menschliche Leben hereinzustellen. In der Paradiesesgeschichte des Alten Testaments wird von Luzifer, der Schlange, gesprochen, die im Paradies, das heißt in der geistigen Welt und bei Gott, ist und dort die Möglichkeit erhält, den Menschen zu beeinflussen, ihn zu *verführen*. In der Apokalypse hören wir dann von den satanischen Mächten, von dem Tier, das aus der Erde und aus dem Meer aufsteigt und mit seinen Kräften und Verführungskünsten die Menschheit beirrt und fasziniert. Teufel und Satan, Luzifer und Diabolos oder - wie Rudolf Steiner sie in seiner

Geisteswissenschaft nennt - *Luzifer* und *Ahriman*, auch sie sind Geistwesen, deren Diener und Helfer unterschiedlichen hierarchischen Rang haben. So gibt es luziferische und ahrimanische Engel, Erzengel und Urkräfte, die bestrebt sind, sich im menschlichen Denken, Fühlen und Wollen gerade das als Nahrung zu holen und umgekehrt die Menschen damit zu begaben, wofür sich die auf das Gute im Menschen hinorientierten Engelwesen nicht interessieren, wo diese nicht hinreichen, weil es ihrer Sphäre und ihren Aufgaben nicht angemessen ist. So erschreckend dieser Gedanke auch sein mag, dass erhabene Engelwesen der unterschiedlichsten Wesensart und Zielsetzung in der menschlichen Seele einen Teil ihres Lebens und ihrer Arbeit haben, so großartig ist er doch auch. Denn ohne diese Tatsache wäre das, was wir Freiheit nennen und als unser höchstes Gut betrachten, nicht denkbar. Unsere Freiheit erleben und betätigen können wir doch nur dadurch, dass wir zwischen ganz verschiedenen Möglichkeiten wählen können, dass es nicht nur eine Wahrheit gibt, sondern verschiedene Gesichtspunkte, die wir uns erarbeiten müssen und für die wir uns entscheiden können. So sind auch Irrtum, Missverständnisse, Hassausbrüche Realitäten - nicht nur das Gute. Hinter bösen Gedanken, Gefühlen und Handlungen verbergen sich die Absichten böser Wesenheiten, mit denen wir in solchem Fall zusammenarbeiten. Entsprechend ragen in unsere guten Gedanken, Empfindungen und Absichten die das Gute im Menschen fördernden Engelwesen herein und können helfen, wenn wir uns mit ihnen verbinden. So weitreichend ist die menschliche Freiheit, über die insbesondere im Johannes-Evangelium gesprochen wird - *Ihr werdet die Wahrheit erkennen, und die Wahrheit wird euch freimachen* -, dass die Engelwesen, die das Gute fördern wollen, dies nur können, wenn der Mensch es selber will. Sie manipulieren nicht, sie müssen warten, schweigen, begleiten, erdulden - bis wir uns ihnen zuwenden und sie um ihre Hilfe bitten. Die luziferischen und ahrimanischen Engel sehen es dagegen als ihre Aufgabe an, den Menschen zu beeinflussen, ohne auf seine Freiheitsfähigkeit Rücksicht zu nehmen. Daher merken wir oft erst hinterher, dass wir etwas Ungutes getan haben, und sind immer wieder erstaunt, wie spontan hasserfüllte Worte oder eine Gefälligkeitslüge über unsere Lippen kommen; da brauchen wir uns in der Regel gar nicht anzustrengen oder nachzudenken. Hier wachsam zu werden und in voller Geistesgegenwart die in der eigenen Seele aufsteigenden Gedanken, Gefühle und Motivationen zu beobachten und, bevor sie Gestalt gewinnen, zu entscheiden, ob man sie aussprechen beziehungsweise sein Verhalten nach ihnen richten will - das ist die Aufgabe. Das Böse hat die große Mission, uns zu Wachheit und Selbständigkeit zu erziehen. Das Gute hingegen hat die Aufgabe, unsere Menschenkraft zu stärken und uns damit zur Wahrheit und zur Freiheit zu führen. Gerade in diesem nun bald zu Ende gehenden 20. Jahrhundert ist immer deutlicher geworden, dass die furchtbaren, aber auch die grandiosen Ereignisse der Zeit ohne eine Kenntnis dieser Engelwelten gar nicht verstanden werden können. Massensuggestionen, Nationalismus, Fundamentalismus - es sind die bösen Gegenbilder eines die Menschen verbindenden Stromes, durch welche luziferische und ahrimanische Engelwesen die Menschheit verführen und auf Abwege bringen, in deren Folge dann Krieg, Streit und Intoleranz auftreten. In der großen ökologischen Katastrophe, in der einseitigen Hinwendung zum Wirtschaftsegoismus können wir die Verführungen insbesondere der ahrimanischen Zeitgeister wahr nehmen. Im Sinnlosigkeitserleben, in Resignation, Kritizismus und Skeptizismus unserer Zeit offenbaren sich die luziferischen und ahrimanischen Engelwesen. Mangel an Idealismus, an Menschenliebe und Menschenvertrauen, am guten Willen, seinen Beitrag zu den Aufgaben in Gegenwart und Zukunft zu leisten, ruft diese

Wesen herbei. Sie werden ihre Macht über den Menschen erst verlieren, wenn sich dieser mit den Engeln verbündet, die im Sinne der Führerschaft des Christus den Menschen freilassend begleiten und uns nahe sind, wann immer wir uns vertrauensvoll an sie wenden. Ich hoffe, dass Sie trotz der Kürze dieser Darstellung der verschiedenartigen Wirkungen aus den Engelreichen doch das eine oder andere als Anregung mitnehmen und vielleicht weiter bedenken können.

Anmerkungen

1 *Viktor Frankl:* **... trotzdem Ja zum Leben sagen.** Ein Psychologe erlebt das Konzentrationslager. *Deutscher Taschenbuchverlag 1998*

2 *Hans-Werner Schroeder:* **Mensch und Engel.** Die Wirklichkeit der Hierarchien. *Verlag Urachhaus, Stuttgart 2002*

3 *Rudolf Steiner:* **Drei Etappen des Erwachens der menschlichen Seele,** Vortrag am 28. April 1923 in Prag. In: **Die menschliche Seele in ihrem Zusammenhang mit göttlich-geistigen Individualitäten. Die Verinnerlichung der Jahresfeste.** *Gesamtausgabe Bibl.-Nr. 224, Dornach 1992*

Alexej von Jawlensky: ***Liebe*** *(1925)*

Liebe als Verwandlungskraft

Dem nachfolgenden Kapitel Liebe als Verwandlungskraft *liegt ein am 19. Januar 1998 in Esslingen vor über tausend Menschen gehaltener Vortrag zugrunde.*

Liebe als Verwandlungskraft ist für die meisten Menschen eine Lebenserfahrung. Diese wird uns bewusst, wenn wir auf Ereignisse schauen und Vorgänge in unserem Leben bewerten, die unseren Charakter geformt und unsere Lebenseinstellung geprägt haben.
Wenn ich meine ärztliche Erfahrung Revue passieren lasse, sind es immer zwei Dinge, welche die stärksten Veränderungen in der charakterlichen Verfassung, in der Lebenseinstellung oder auch im Entwicklungszustand eines Menschen hervorgerufen haben. Das eine ist der Bereich der Todesnähe, der existentiellen Bedrohung und Krise, und das andere sind die unerwarteten Einschläge, wo durch eine Begegnung plötzlich etwas in das Leben hereinkommt und der Betreffende dann sagt: *Jetzt weiß ich erst, was Liebe ist! Bisher glaubte ich zu wissen, was es ist – jetzt erst weiß ich es wirklich.*
Nichts verändert das menschliche Leben, die Existenz, das Dasein oder unsere charakterliche Bildung mehr als der Tod und die Liebe.

Ich habe mich immer wieder gefragt, woher das eigentlich kommt, warum es wirklich diese beiden Dinge sind, die Begegnung mit dem Sterben und die Begegnung mit der Liebe, und ich bin zu dem Schluss gekommen, dass es mit der Tatsache zusammenhängt, dass beide Erfahrungen, die des Todes und die der Liebe, unseren Persönlichkeitskern, unsere ureigene Existenz unmittelbar und direkt betreffen. Nichts fordert uns existentiell so heraus, wie die Begegnung mit der Liebe, wo wir einfach uns, so wie wir sind, ganz und gar aussetzen, schenken, hingeben, uns praktisch schutzlos dem Anderen gegenüber öffnen, uns in einer Weise in die Augen schauen, so dass nichts dazwischen ist. Das ist etwas, was man sonst nur bei Säuglingen erlebt, dass man sich länger als eine Minute unverwandt in die Augen schauen kann. Ich habe das oft als Ärztin erlebt: Man soll einen Säugling untersuchen, man ist selber in guter Verfassung – denn das ist die Vorbedingung: man ist ruhig, konzentriert, aufmerksam, hat Freude an dem Kind, ist gespannt, ob alles stimmt – und wenn man mit dieser Verfassung einen Säugling anschaut, dann kann es passieren, dass er den Blick fixiert und unser Anschauen unverwandt und tief erwidert. Dies ist fast erschreckend. Nur in Augenblicken wirklicher Liebe und ganz tiefen Vertrauens kann man sonst einen solchen Blick antreffen und auch aushalten. In einer solchen existentiellen Gegenüberstellung liegt dann mehr, als man mit Worten sagen kann, im Grunde auch mehr, als man an Taten folgen lassen kann. Man hat das totale Erlebnis, dass man mit seiner ganzen Existenz beim Anderen ist, aber auch sich selbst in dieser Begegnung, in dieser existentiellen Herausforderung ganz erst wirklich erlebt.

Wie die Todesnähe eigentlich mehr die Frage – und auch die Angst – nach der eigenen Existenz, nach ihrer Dauer aufwirft, so scheint es, dass man in Augenblicken der Liebe eine Antwort auf diese Frage bekommt. Man erlebt sich bestätigt, bejaht, irgendwie als Mensch *konfirmiert*. Oft wird dann gesagt: *Diese Liebe hat mein Leben verändert, hat mir das Vertrauen in Gott zurückgegeben, hat mir das Vertrauen in die Menschheit gegeben. Wenn das wahr ist, was ich erlebt habe, dann lohnt es sich zu leben, es hat mir die Zuversicht in das Leben gegeben.*

Es wird sozusagen in den allerhöchsten Tönen gesprochen. Wenn wir Menschen nicht so vergesslich wären und derartige Augenblicke im Bewusstsein behalten würden und uns vornähmen: *Ich will das Geschenk und die Augenblicke dieser Liebe und Nähe nie vergessen; ich will mich jeden Tag daran erinnern*, dann stünde es um uns insgesamt besser.

Insofern ist die Thematik der Liebe nicht nur gewaltig und schön, sondern auch mit allen Schmerzen und Abgründen und auch mit dem Vergessen und dem Verraten der Liebe verbunden.

Gottes- und Menschenliebe

Im Laufe dieses Jahrhunderts haben wir einen Zerfall der Menschlichkeit und der Liebesfähigkeit weltweit erlebt wie nie zuvor. Täglich wird von so viel Unmenschlichkeit und Menschenverachtung in den Medien berichtet. Immer neue Zahlen und traurige Rekorde von Hunger, Gewalt und Völkermord werden bekannt. Wie ist es eigentlich um diese Liebe bestellt, die doch jeder in seinem persönlichen Leben an irgendeiner Stelle einmal erfahren hat oder die zumindest jeder sucht, nach der sich jeder sehnt?

In diesem Zusammenhang hat mich die folgende Frage des jüdischen Ethikers Hans Jonas sehr berührt: *Wo war eigentlich Gott, als Auschwitz geschah?* Die Mutter von Hans Jonas ist im Konzentrationslager Auschwitz umgekommen. Es hat ihn ungeheuer herausgefordert, als Philosoph und Ethiker, sein Welt- und Gottesbild zu retten, in dem die Liebe und vor allem auch Gott einen ganz hohen Stellenwert hatte. Angesichts der Erfahrung, dass seine über alles geliebte Mutter auf eine so bestialische Weise umgekommen ist, wurde ihm alles neu zur Frage. In seiner Schrift *Der Gottesbegriff nach Auschwitz* stellt er die Frage: *Wo war Gott, als Auschwitz geschah?* Und er kommt darauf, dass Gott augenscheinlich seine Allmacht und seine Allwissenheit eingebüßt haben muss, dass er heute anders zur Entwicklung der Menschheit stehen muss als zur Zeit des alten Bundes, zur Zeit des Moses und der Propheten Israels. Denn wäre er allmächtig und allweise, dann hätte er Auschwitz nicht zugelassen. Und wie er dies bedenkt, wird ihm bewusst: Gott hat die Liebe vollumfänglich bei sich behalten, sie nicht so mit den Menschen und dem Teufel geteilt wie seine Macht und Weisheit. Als liebender Gott konnte er in Auschwitz anwesend sein. Die Menschen haben Auschwitz zu verantworten – und Gott leidet mit. Gott geht mit, leidet mit den Menschen. Und dies ist das Größte der Liebe: sie kann durch jedes Leid, durch jeden Schmerz mitgehen. Wer liebt, entzieht sich nicht, wenn es schwierig wird. Und so kommt Jonas an dieser Stelle zu einem neuen – auch tief christlichen – Gottesbegriff.

Freiheit ist unser höchstes Gut. Um der Presse- und Meinungsfreiheit willen lassen wir schlimmste

Dinge im Internet, im Kino, in den Medien zu, obwohl wir wissen, dass Jugendschutzgesetze die noch nicht erwachsenen und nicht mündigen Menschen vor Missbrauch nicht schützen können. Die Freiheit ist ein so hohes Gut, dass man ihr die Liebe und den Schutz von Kindern und Jugendlichen unterordnet, um keinesfalls die Meinungsfreiheit zu verletzen. So tief ist bei uns Menschen dieses Recht auf Freiheit eingewurzelt, das Recht auf freie Entfaltung der Persönlichkeit. Es ist Inbegriff unserer tiefsten, ja der tiefsten Erfahrung unserer Menschlichkeit, dass wir nicht nur handeln, weil wir müssen, nicht nur handeln aufgrund unserer naturgegebenen Bedürfnisse, sondern weil wir immer spüren: *Da bleibt ein Rest: Ich muss nicht, aber ich kann.* Auch ist keine Notwendigkeit so absolut, dass ich ihr nicht noch eine Freiheit abgewinnen könnte, denn es hängt letztlich davon ab, wie ich eine Sache beurteile, wie sie auf mich wirkt und was sie für mich bedeutet.
Und so hat Viktor Frankl, ein anderer berühmter Philosoph, später Psychiater, der kürzlich erst verstorben ist, über seine eigene KZ-Vergangenheit sagen können, dass er gerade unter diesen höchst menschenverachtenden Umständen erst zu seinem ureigenen Ansatz in der Psychotherapie gekommen ist, der auf die Liebe und die richtige Einstellung

zum Leben gegründet ist. Er hat den Grund gelegt für seinen therapeutischen Ansatz auf psychiatrisch-psychotherapeutischem Feld in der brutalen Szenerie des KZ's, weil er dort seine Freiheit entdeckt hat. Dort wurde ihm zum Erlebnis: *Es hängt von meiner Einstellung ab, ob ich mich zerstören lasse oder ob ich mich als Mensch bewahren kann.* Er hat seine Studenten immer wieder darauf aufmerksam gemacht, dass sie weder durch ihr genetisches Programm noch durch ihr Milieu festgelegt sind, sondern dass es vor allem von ihrer Einstellung abhängt, wie sie mit dem umgehen, wozu sie von Natur aus veranlagt sind und durch ihr Milieu geprägt worden sind. Es ist die tägliche Erfahrung eines jeden Menschen, der es versucht: *Nichts zwingt mich, es sei denn, ich lasse es zu. Ich habe immer die Möglichkeit, mich zumindest in Gedanken und Gefühlen zu distanzieren von der Situation und kann an meiner Einstellung zu dieser Situation arbeiten.*

Wir erleben uns als geworden, als geschaffen, so wie wir sind, von Natur und durch Erziehung, aber auch durch sehr vieles, was wir selbst getan haben. Dieses Geschaffen-, dieses Gewordensein ist eines. Was wir dem hinzufügen, ermöglicht den Spielraum der Freiheit. Diesem verdanken wir unsere Würde als selbstverantwortliche Menschen. Diesem verdanken wir aber auch unser Versagen, unsere

Abirrungen.
Wenn nun aber die Gottes- und Menschenliebe beinhaltet, dass der Mensch frei sein soll, sogar frei seinem Schöpfer gegenübertreten kann, dann muss – so furchtbar es ist – auch die Abirrung und das Böse möglich sein. Damit ist dann auch deutlich, dass Liebe einerseits ein Gottesgeschenk ist, andererseits aber in jedem Augenblick von zwei Seiten her gefährdet ist: von Seiten des Verstandes, der Klugheit und von Seiten des Machtanspruchs, des Nicht-Frei-Lassens.

Formen der Lieblosigkeit

Es gibt zwei besonders problematische Formen der Lieblosigkeit. Die eine wird da erlebt, wo man sich missverstanden fühlt, wenn man erlebt, dass man in dem Gedankensystem des Anderen nicht den richtigen Platz hat, dass es einfach nicht stimmt, wie mit einem umgegangen wird. Die andere Form zeigt sich bei jeder Art von Machtmissbrauch und dem Erlebnis, nicht frei gelassen zu werden. Diese beiden Formen der Lieblosigkeit engen am allerstärksten die menschliche Mitte ein, das Herz, wo wir die Liebe primär empfinden und wo wir auch ihr Bedrohtsein am empfindlichsten wahrnehmen.

Dabei gibt es jedoch große Unterschiede bei den Menschen.

Der eine erfährt die Liebe wie von selbst, als Geschenk der Natur, als spontane Sympathie und Harmonie, die ihn mit anderen verbindet. Ein anderer sehnt sich ein Leben lang vergebens danach.

Wem eine große Liebe geschenkt wird, ohne dass er etwas dazu tut, der zweifelt nicht daran, dass er lieben kann. Deswegen denken auch viele Menschen, sie könnten lieben, das wäre gar nicht schwer. Wenn mir ein entsprechender Mensch oder ein süßes Kind begegnet oder eine kleine Katze, dann merke ich sofort, ich bin liebefähig. Dann gebe ich diesem Lebewesen ganz spontan meine Liebe und kann nur hoffen, dass es diese annimmt. Das tritt sozusagen von selbst auf, daran muss man nicht arbeiten.

Aber ist das, was uns da so bewusst wird, wirklich die Liebe – zum anderen? Verbirgt sich darin nicht auch Selbstliebe, weil der Andere einen vielleicht auch mag und man diese Rückspiegelung genießt? Oder weil es eben angenehm ist, mit einem kleinen Kätzchen zu spielen, das schnurrend und schmusend die Zuwendung erwidert? Wem gefällt es eigentlich mehr, der Katze oder mir? Zumindest ist ein hoher Anteil Selbstgefallen mit dabei. Vielleicht kann man das zunächst gar nicht so leicht un-

terscheiden. Bei der Katze ist es relativ einfach: solange es ihr gefällt, bleibt sie da und lässt sich streicheln. Wenn es ihr nicht mehr gefällt, dann kratzt sie, macht einen Buckel oder läuft davon.
Bei Menschen ist es anders. Da lebt man unter Umständen in größten Illusionen und nennt Liebe, was nur Sympathie ist oder was einen ganz hohen Anteil von Eigenliebe hat. Ich möchte jetzt an dieser Stelle betonen, dass ich die Selbstliebe oder die Eigenliebe sehr hoch einschätze. Denn gerade aus meinem ärztlichen Beruf weiß ich, wie viel Krankheiten daher kommen, dass man nicht einmal sich selber lieben kann, geschweige denn einen anderen Menschen. Mit einer gesunden Eigenliebe hat die wirkliche Liebe sehr viel zu tun, dennoch ist die Liebe, die mir selber gilt, eben eine andere Liebe als die Liebe, die einem anderen Menschen gilt. Das zu unterscheiden und auch zu sehen, wo das Gemeinsame liegt, ist die Aufgabe, wenn man die Liebe verstehen will.
So müssen wir an dieser Stelle fragen: Wie hängt die Liebeserfahrung mit dem Freiheitsproblem zusammen? Warum kommen für jede Liebesbeziehung immer wieder Zeiten der Prüfung? Warum darf sie nicht ein reines geschenktes Naturereignis bleiben? Da muss nun jeder sich selber prüfen: Möchte ich von einem Menschen geliebt werden,

der das nur spontan – naturgebunden tut? Gehört nicht auch zur vollen Liebeserfahrung das Bewusstsein: Es ist etwas, was man sich wirklich auch in Freiheit schenkt, wo immer auch Entschluss, Wille, Konsequenz, Vertrauen mitspielen? Freiheit und Liebe brauchen einen Bezug zueinander; denn man muss nicht lieben – zwanghaft eine körperliche oder seelische Neigung ausleben; auch der Partner genießt eine solche spontane Zuwendung nur eine Zeitlang. Irgendwann sucht er das Andere, das Erarbeitete, das ganz persönlich Errungene. Ja, die Liebe selbst wird erst wirklich schön, wenn sie durch eine Prüfung hindurch gegangen ist, wenn sie in Frage stand und dann neu und bewusst erlebt wird – in echtem gegenseitigen Verstehen und nicht nur in spontaner Sympathie der Gefühle.

Freiheit und Liebe

Wie hängt nun aber die Freiheitsfrage, die Selbstlosigkeit mit der Liebe zusammen? Da möchte ich gerne zunächst den Begriff Selbstlosigkeit klären. Denn ähnlich wie die Liebe ist ja auch die Selbstlosigkeit eine Qualität, die ziemlich in Verruf geraten ist und – wenn man es gerade noch positiv formuliert – etwas mit säuerlicher Moral zu tun hat, mit 'man müsste': *Man muss doch auch an die anderen denken!* Es riecht nach Selbstaufgabe. Selbstverständlich ist das nicht gemeint, sondern etwas, was eine ganz hohe Freiheitsqualität hat.

Das Wort Selbstlosigkeit erklärt sich selbst am besten. Es bedeutet „selbst-*los*" sein. Die Fähigkeit, von sich selber *los*-kommen zu können, sich selber *los*-lassen zu können, von seinen Trieben und Emotionen frei werden zu können und sich einem anderen oder einer Aufgabe zuzuwenden – das ist Selbstlosigkeit. Dass man das kann, nicht dass man das immer muss; dass man das als ich-gewollt, als freies Wesen kann, das ist eine begeisternde Fähigkeit!

Mir ist erst deutlich geworden, was Selbstlosigkeit ist, als ich mir einmal Gedanken darüber gemacht habe, was eigentlich Wasser ist. Bei der Beschäftigung mit den Engeln wird klar, dass Engel mit dem Wasser zu tun haben: nicht nur in dem Teich, in den der Engel hineinsteigt und wo dann die Kranken gesund werden. Betrachtet man jedoch das Wasser in all seinen Erscheinungsformen, so sieht man, dass es Engeleigenschaften hat. Wasser hat die Eigenschaft der Selbstlosigkeit, die auch zu den hervorstechenden Wesenseigenschaften der Engel gehört. Nur am Wasser kann man das Wesen der Selbstlosigkeit gleichsam sinnlich sichtbar machen.

Denn das Wasser, das wir durch die Nahrung in uns haben, atmen wir zum Teil aus und zum Teil atmen andere es wieder ein. Was wir ausatmen, das bestimmt die Luftfeuchtigkeit in unserer Umgebung mit. Wenn einer von uns stirbt, was passiert dann? Der Leib vertrocknet, er verwest, er löst sich auf; dieses Wasser, das ein Leben lang, nicht nur im Atemprozess, sondern auch in jeder Zelle das Leben ermöglicht hat, die ganze Biochemie unterhalten hat, dieses Wasser, dem wir alles verdanken, jeden Atemzug, dieses Wasser verdampft wieder aus unserem Körper, wenn wir sterben. Es geht in die Luft, regnet an irgendeiner anderen Stelle wieder herunter aus der Wolke und wässert Pflanzen; dieses Wasser wird von irgendeinem Einzeller aufgenommen, dient wieder einem anderen Organismus oder wird von uns wieder getrunken usw. Der Wasserkreislauf macht deutlich: Alles Leben der Erde ist abhängig von diesem Wasser. Es ist die Grundlage für alles, aber es bleibt absolut es selbst. Es vereinigt höchste Integrität und zugleich maximale Hingabe an alle Geschöpfe dieser Welt. Es ist eben nicht Selbstaufgabe, sondern Zeichen eines sehr starkes Selbst, dass man für sich nichts mehr braucht und dadurch voll für die Entwicklung der anderen zur Verfügung stehen kann. Damit wird natürlich auch deutlich, dass selbstlose Liebe –

vergleichbar mit dem Wasser – die höchste Schöpferkraft ist, die Entwicklungen anstoßen kann, Menschen fördern kann, pflegen kann, weil sie nichts mehr für sich beansprucht, sondern anderen für ihre Entwicklung, für ihr Fortkommen dient.

Und genauso, wie der Mensch dadurch, dass er selbstlos lieben lernt, nicht weniger wird in seinem Wesen, sondern mehr, so ist es auch mit dem Wasser: es wird nicht weniger, sondern es tritt in voller Reinheit immer wieder hervor, nachdem es zuvor anderen Wesen hingegeben war.
Durch selbstlose, schöpferische Liebe werden wir Menschen immer mehr. Das unterscheidet uns vom Wasser: dass Wasser schon vollkommen ist, wir noch nicht. Wir werden durch Taten wirklicher Liebe immer mehr wir selbst, immer fester, sicherer in unserem Wesenskern, so kräftig, dass wir immer weniger Angst haben müssen, uns zu verlieren, wenn wir uns an etwas anderes oder an einen anderen Menschen hingeben. Zu dieser Einsicht kann man kommen, wenn man über selbstlose Liebe nachdenkt. Sie ist die Fähigkeit, aus der Liebe zum Anderen die Eigenliebe loslassen zu können. Und weil wir Menschen den Drang haben, uns immer weiterzuentwickeln, kommen Prüfungen, die uns dabei helfen. Wenn wir versagen und

es nicht gelingt, müssen wir warten, bis eine nächste Gelegenheit kommt, bei der wir das wieder üben können.

Die Kunst des Liebens

Erich Fromm hat das bekannte Buch mit diesem Titel geschrieben – in den fünfziger, sechziger Jahren war es in Amerika und in Europa eines der meist gelesenen Bücher über die Liebe. Dieses Motiv zeigt, dass Liebe nicht eine Selbstverständlichkeit ist, sondern aktiv gelernt werden muss, so wie eine Kunst. Ein Maler oder Musiker oder Dichter muss ganz hart an sich arbeiten, nicht nur in sechs Jahren Studium – ein Leben lang! Und was bedeutet das? Das bedeutet Disziplin und lebenslanges Lernen. So muss auch – will man lieben lernen – jeden Tag diszipliniert gearbeitet werden, immer wieder zu bestimmten Zeiten. Man kann einen Tagesvorblick machen und sich überlegen, an welcher Stelle man am meisten gefährdet ist, lieblos zu werden. Wo werde ich wohl mit Menschen zusammentreffen, wo ich – wenn ich nicht aufpasse – mit Sicherheit versage. Das kann so weit gehen, dass man sich vornimmt, an einer bestimmten Stelle diese Kunst zu üben: einfach nur die

Selbstdisziplin, sich nicht gehen zu lassen diesem Menschen gegenüber, sondern ruhig hinzuhören, zu beobachten, ganz sachlich zu bleiben. Und der Andere ist vielleicht erstaunt und weiß gar nicht, was da plötzlich passiert ist.

Die regelmäßige Übung ist wichtig. Man kann an dieser Kunst arbeiten, indem man immer wieder Andere daraufhin beobachtet: Man liest, führt Gespräche, studiert andere Liebeskünstler. Im Grunde ist ja jeder Mensch ein Liebeskünstler, also kann ich beobachten: Wo begegnet mir die Liebe im menschlichen Umkreis? Man wird aufmerksam auf die Fluten von Lieblosigkeit, mit denen unser ganzes Leben heute durch Stress, durch Hetze, durch Sorgen, durch Verzweiflung, durch Not durchsetzt ist. Es gibt immer einen Grund, warum jemand lieblos ist. Das ist sicher niemand gerne – auch das sollte man sich immer wieder sagen. Oft liegt der Grund in Unfähigkeit, in Verzweiflung, in Sorgen, in vielen möglichen Alltäglichkeiten begründet. Wenn man das plötzlich erkennt, kann man daran arbeiten, gerade an solchen Stellen sensibel und produktiv zu werden.

Man kann sich fragen: Wie könnte man die Ursachen der Lieblosigkeit aufarbeiten? Wie könnte man an der Verbesserung bestimmter Lebenslagen arbeiten? Weil man nicht überall gleich helfen oder etwas ändern kann, ist zunächst schon unendlich viel gewonnen, wenn man dies nur versteht und den Lieblosigkeiten gegenüber nicht nur Antipathie entwickelt, sondern Schmerz, Trauer, Verständnis. Trauern können, Schmerz mitleiden, verstehen können sind schon ganz elementare Formen der Liebe. Warum? Weil man beginnt, sich zu identifizieren.

Liebe tritt auf verschiedenen Ebenen auf, auf sexueller Ebene, wenn zwei Körper miteinander verschmelzen; auf seelischer Ebene, wenn man völlig in Harmonie ineinander schwingt und nicht mehr weiß, was ist mein und was ist dein. Und im *wir sind eins*, auf geistiger Ebene, in der Wesensbegegnung hat man den Eindruck: Nichts kann uns trennen, nichts kann uns erschüttern und wenn wir noch so viele Jahre auseinander sind, wir sind zusammen, wir gehören zusammen – auch wenn wir sehr verschieden sind.

Auf geistiger Ebene ist man ewig zusammen, weil man in Gedanken, in gemeinsamen Zielen verbunden ist, die sind ewig. Sie gehören zum ewigen Bestandteil unseres Wesens. Auf welcher dieser Ebenen auch Liebe erlebt wird, eines ist der Liebe immer gemeinsam von der geistigsten bis zur sinnlichsten Form der Liebe: Liebe bedeutet immer Vereinigung von etwas Getrenntem, immer Beziehung, auch ein allumfassendes Zugehörigsein, Integriertsein, Einssein. Das ist Liebe. Darum spricht man auch von Gottes Allliebe, weil er zu allem in Beziehung ist. Zur Liebe gehört auch, dass man nach dieser Vereinigung strebt. Und deswegen ist lieben lernen auch mit Triebfedern und Kräften des Menschen verbunden und durchdringt alles Denken, Fühlen und Wollen, so auch mit allen Spielarten der Sehnsucht, der Triebe, der Begierden, der Leidenschaften.

Ob ein Trieb unberechtigt ist oder nicht, entscheidet der Mensch, dem meine Sehnsucht, meine Triebe zustreben. Fühlt er sich menschenwürdig behandelt durch meine Leidenschaft, durch meine Liebe? Also nicht der Trieb ist schlecht, sondern nur die Art und Weise, wie ich damit umgehe, ob dies die Würde eines anderen Menschen verletzt oder nicht. Wenn man einen anderen Menschen erniedrigt, beginnt das, was man schlecht oder niedrig nennt, aber die Triebe selbst sind nur eine Kraft, nach etwas zu streben, etwas zu suchen, was das Schönste ist, nämlich Vereinigung, Liebe. Wenn wir die Kunst des Liebens betrachten, müssen wir sagen: Liebe ist einerseits dieses Streben, diese Aktivität, sich mit der Welt, mit Gott, mit einem Menschen, mit einer Wissenschaft zu vereinigen, zu verbinden. Liebe ist nicht nur Verwandlungskraft, sie ist Schöpferkraft.

Denn wofür ich mich interessiere, damit verbinde ich mich, und da ist sofort Liebe im Spiel. Alles, womit ich mich irgendwie identifiziere, worauf ich mein Streben, mein Verlangen richte, ist immer die Beziehung, die Vereinigung mit etwas.
Insofern ist auch das Erkenntnisleben, die Wahrheitssuche eine Form der Liebe. Denn was ist Erkenntnis? Die völlige Vereinigung mit dem, was man verstehen möchte, die Hingabe an ein rein Geistiges. Jeder Mensch weiß, wie wundervoll es ist, einen Menschen weitgehend zu verstehen und von ihm verstanden zu sein. Man fühlt sich geistig geliebt, nicht nur seelisch.
Andererseits ist es ein Glück, dass wir uns auch seelisch lieben können, denn bis man sich versteht, vergeht oft ein ganzes Leben. Deswegen können wir natürlich froh sein, dass die Liebe auch auf der Sympathieebene schon viel wert ist, ganz zu schweigen von der körperlichen Liebe. Sie kann vorübergehend seelische und geistige Mängel der Liebe kompensieren und viel Kraft und Trost geben
Dennoch strebt die Liebe immer danach, diese drei Bereiche, den geistigen, seelischen und körperlichen Bereich zu integrieren, damit die volle Liebe sich realisiert, die letztlich die Vereinigung der drei Bereiche darstellt.

Liebe als Heilkraft

Damit wird auch verständlich, warum Liebe so viel mit Heilung zu tun hat, mit Heilkraft. Denn Gesundheit ist nichts anderes als das optimale Zusammenstimmen aller physiologischen Prozesse im Körper mit denen von Seele und Geist. Wenn der Magen so verdaut und der Darm so ausscheidet, wie es der Gesamtorganismus braucht, wenn das bewusste Leben des Menschen so verläuft, dass Arbeit und Ruhe genügend abwechseln, so dass man sich gesund erhalten kann, wenn einfach die körperlichen, seelischen und geistigen Kräfte einigermaßen zusammenstimmen, dann nennen wir es Gesundheit. Das Ergebnis ist ein Wohlgefühl.

Krankheit bedeutet immer, dass sich etwas isoliert. Da wird man körperlich oder seelisch ein bisschen lieblos, man wird unvollkommen. Es passt nicht mehr zusammen, man hat zuviel oder zuwenig. Die Organe hören sich nicht mehr richtig zu, nehmen sich nicht mehr richtig wahr und können so auch nicht mehr gut für das Ganze arbeiten. Deshalb kann man verstehen, dass Paracelsus gesagt hat, die einzige wirklich umfassende Arznei sei die Liebe.

Ich habe das Glück jetzt schon mehrfach erlebt in den zwanzig Jahren als Ärztin, dass manifeste medizinische Probleme sich einfach dadurch gelöst haben, dass die Liebe in das Leben der betreffenden Menschen gekommen ist, und zwar nicht nur die Menschenliebe – das waren die häufigsten Fälle –, sondern auch die Gottesliebe. Nie werde ich ein Erlebnis aus der Universitätsklinik Tübingen vergessen: Ein psychiatrischer Patient, der seit zweieinhalb Jahren in ganz regelmäßiger psychiatrischer Behandlung war, kam eines Tages und sagte: *So, heute komme ich zum letzten Mal, denn ich habe Christus gefunden.* Das war für ihn die Heilung und er musste dann auch nie wieder kommen. Im ersten Moment denkt man vielleicht: *Jetzt ist er wohl besonders gefährdet.* – Oder: *Er wird schon wiederkommen, wenn die Euphorie vorüber ist.* In diesem Fall war es aber nicht so. Er hatte eine völlig neue Grundlage für seine innere Existenz gefunden, er war nicht mehr isoliert, er fühlte sich aufgehoben in dem liebegetragenen Zusammenhang der Schöpfung und war damit gesund, er war nicht mehr krank.

Deshalb ist dieses Thema wichtig, denn wir brauchen auch Kriterien, wo wir etwas falsch machen, wenn wir Liebeskünstler werden wollen. Es gibt nicht den begnadeten Lehrer, zu dem man gehen und sagen kann wie in guter alter Zeit: *Lehre mich das Lieben!* – so wie man zu einem großen Pianisten

gehen, dort die Meisterklasse besuchen und sagen kann: *Jetzt lehre mich, Meister des Klavierspiels zu werden!*
Jeder Mensch fängt irgendwo an, jeder Mensch ist für alle Künste begabt, man muss nur mehr oder wenig fleißig sein, um es in der Kunst zu einem gewissen Ziel und einer gewissen Qualität zu bringen. Jeder von uns ist ein potentieller Liebeskünstler. Aber jeder fängt an einer anderen Stelle an, diese Kunst täglich und ständig zu üben. Dazu brauchen wir aber einen Lehrer. Und wenn wir diesen Lehrer nicht in Fleisch und Blut haben, dann brauchen wir Kriterien, an denen wir immer wieder prüfen können, ob das jetzt wirklich Liebe war oder nicht, ob das jetzt wirklich die Liebe gefördert hat oder nicht.

Kriterien für das Lieben lernen

Einige dieser Kriterien habe ich schon genannt, zuletzt das Kriterium: Ist es heilsam? Es gibt Menschen, die zurecht sagen: *Man muss doch ehrlich sein!* Und dann sagt man sich's im Guten, wie wir es – in Schwaben sowieso – sehr schätzen. *I sag' dr's im Guete!* Und das bedeutet, dass man so richtig ehrlich deutsch miteinander redet. Das gibt es sonst

in keiner Sprache der Welt. Wenn man sagt: *Ich rede deutsch mit dir*, meint man: *Ich sag' dir mal so richtig schonungslos die Meinung*. Das kommt in England nicht vor, dass man sagt: *I talk English with you!* Mit jemandem *deutsch reden* ist etwas Wohltuendes; es kann wie ein reinigendes Gewitter wirken und danach ist alles wieder blitzblank und hell und sauber. Man muss zum Beispiel Eltern immer wieder sagen, dass es für Kinder die Entschädigung ist für den Stress von häuslichem Zwist, wenn sie erleben, wie die Eltern sich nach einem Krach wieder vertragen.
Streiten ist nicht schlimm, wenn man sich wieder verträgt. Natürlich darf man es nicht übertreiben, es muss ein Gleichgewicht geben. Das hat schon etwas mit Heilkraft zu tun. Der Organismus beherrscht das, wenn er irgendwo etwas abbaut, wird es hinterher wieder aufgebaut. Wenn ich mit meinem Deutschreden und mit meiner Wahrheitsliebe mehr verletze, als ich Gutes tue, bin ich lieblos, auch wenn ich dabei noch so ehrlich bin. Denn das heißt, ich genieße meine eigene Ehrlichkeit mehr als die Möglichkeit, dem Anderen zu helfen. Es wird ja immer gesagt: *Der muss das wissen, damit er den Fehler nicht noch einmal macht* – oder *damit er in seiner Entwicklung weiterkommt.* – Ganz wundervolle pädagogische Gesichtspunkte!

Aber ob der Betreffende im Moment überhaupt in der Lage ist, so eine Gardinenpredigt für sich sinnvoll zu verarbeiten, das muss erst geprüft werden, bevor ich damit loslege.
Also Kritik und Ehrlichkeit nur dann, wenn ich geprüft habe, ob es der richtige Augenblick ist und ob der andere auch in einem Zustand ist, dass er damit etwas anfangen kann, ob eine gute Chance besteht, dass etwas Heilsames daraus wird. Wenn man selber prüft, ob man liebevoll ist, dann braucht man auch gar nicht zu sagen: *Ich mein' es doch ganz lieb!* Denn der andere merkt, dass ich es lieb meine. Aber wenn man es sagen muss, ist es in der Regel nicht ganz lieb. Wenn man es jedoch wirklich lieb meint, dann merkt es der andere, weil er spürt: *Mensch, da ist was dran, der hat eigentlich recht!* Und er erlebt dann auch, dass man es gut mit ihm meint, weil er spürt, dass es der richtige Augenblick ist. Dann spürt er, dass es gut tut, spätestens am nächsten Morgen, wenn er sagt: *Du hattest doch recht!* Wenn man aber nur verletzt, dann stellt sich die Frage: Wem nützt es? Dem Anderen bestimmt nicht! Und wenn es etwas ist, was ich schon zwanzig Mal gesagt habe, und es ist immer wieder derselbe Vorwurf, dieselbe Kritik, dann weiß ich von vornherein, dass es nichts nützt, sondern nur die Kluft vertieft. Dann ist es

keine Form der Liebe, sondern dann ist es eine Form der Lieblosigkeit. Deshalb ist die Frage wichtig: Ist das, was ich tue, irgendwie heilsam? Macht es etwas ganz, wird es gebraucht, ist es hilfreich? Dann können es manchmal auch ganz schwierige Dinge sein, aber ich kann sicher sein, dass es nie lieblos ist.

Genauso haben wir schon im ersten Teil dieser Ausführungen das Kriterium der Freiheit gehabt: Fühlt sich der Andere von mir freigelassen? Zum Beispiel: Wir haben ja Mutterliebe, Vaterliebe, Kindesliebe, Freundesliebe, Liebe am Arbeitsplatz, die verschiedensten Formen der Liebe. Das eine findet zu Hause statt, das andere findet am Arbeitsplatz statt, das dritte findet vielleicht überregional statt, es sind ja ganz unterschiedliche Schichten und Beziehungen, in denen Liebe eine Rolle spielt. Wenn ich mit der Frage lebe: *Wie kann ich in all meinen Liebesbeziehungen die Qualität der Liebe wirklich verstärken, wie kann ich die Kunst des Liebens optimieren?* – dann ist eben die Freiheitsfrage ganz entscheidend neben der Frage *Ist es heilsam oder zerstört es?*

Wenn eine Mutter ihr Kind innig liebt, kann es problematisch werden, das Kind später in die Freiheit, in die Selbständigkeit zu entlassen. Das ist ein Schmerz. Wenn ein Lehrer bestimmte Schüler zu sehr liebt, große Sympathie hat, fällt es ihm schwer, nur Begleiter zu sein und diesen Schüler ganz loslassen zu können. Wenn man erst einmal den Maßstab hat, dass eigentlich durch die Freiheit die Liebe erst ihren vollen Glanz bekommt, dann kann es enorm motivieren, dieses zu üben, auch wenn es entsetzlich weh tut.

Wenn zum Beispiel Eltern ihren Kindern das Versprechen abnehmen, sie im Alter zu pflegen, sollten sie einmal pflegebedürftig sein, so ist dieses Versprechen – je nach der Lebenssituation später – mehr oder weniger schwer zu halten. Ob man das in der heutigen Zeit noch so machen kann, wie das früher ganz selbstverständlich war, ist wirklich die Frage. Auch hier verlangt die Freiheit ihr Recht, und neue Berufe entstehen – wie die der Altenpflege, wo man sich freiwillig alten und hilfsbedürftigen Menschen zuwendet.

Ein drittes Kriterium neben dem Heilsamen und Freilassenden der Liebe ist die schon genannte Qualität der Selbstlosigkeit. Fast jede Beziehung wird früher oder später dadurch geprüft, dass neue Beziehungen dazu kommen, dass der eine oder beide Partner sich noch einmal verlieben oder dass sehr intensive andere Beziehungen dazu kommen. Das sind dann solche Prüfungsmomente, wo man deutlich spürt: Jetzt entscheidet es sich, ob die

Liebe wirklich zur Verwandlungskraft wird, ob sie das Leben, meine Einstellung zum Leben verwandeln kann, ob die Liebe mich so verwandeln kann, dass ich mit dem anderen noch mitgehen kann, in einer Weise, wie ich es zum Beispiel mir vorher nicht zugetraut hätte, ob jetzt die Selbstlosigkeit in dieser Liebesbeziehung eine Zeitlang die Führung übernehmen muss, weil das andere vielleicht für einige Jahre nicht mehr möglich ist. Das sind große Fragen, aber man merkt, wenn man so etwas erlebt, dass sich da menschliche Kräfte, menschliche Charaktereigenschaften entwickeln, durch die der Betreffende, der das durchmacht, ein anderer wird. Das Leben wird viel tiefer betrachtet, man legt auf ganz andere Dinge Wert, man entwickelt sich enorm und dadurch wird man – früher oder später – auch für den Lebenspartner wieder auf einer anderen Stufe wertvoll und unentbehrlich.

Dies setzt natürlich voraus, dass man in der Lage ist, über solche neu hinzukommenden Beziehungen auch ehrlich zu sprechen, und damit gehört auch diese Qualität zum zentralen Kriterium, ob man wirklich liebt. Hat die Ehrlichkeit der Partner untereinander genügend Platz in der Liebe, oder ist man der Meinung, die intimsten, wichtigsten Dinge muss man dem anderen verschweigen, weil er es angeblich oder wirklich nicht verkraftet? Oder hat man seinerzeit etwas versprochen, was gar nicht versprechbar ist: keinen anderen zu lieben? Ein solches Versprechen schließt die Selbstlosigkeit als Eigenschaft der Liebe aus. Steht die Liebe auf so schwachen Füßen, dass sie das Interessanteste, Intimste, was den Anderen beschäftigt, nicht mittragen kann? Wenn die Ehrlichkeit zwischen den Partnern so ist, dass man schlichtweg nicht anders kann als miteinander darüber zu sprechen, dann kann eine neue Beziehung vom ersten Augenblick an sozusagen *in das System integriert werden*; in diesem Fall wird man jeden Schritt im Aufbau der neuen Beziehung in dem Bewusstsein tun, dass da noch jemand mit dabei ist, dass ich noch für jemand anderen mit verantwortlich bin – und das ist großartig.

Bleibt die neue Beziehung geheim, so entwickelt sie sich in eine andere Richtung, als wenn dies im Einklang mit dem Anderen geschieht und dadurch einfach Grenzen, Absprachen, Möglichkeiten in der Beziehung mitberücksichtigt werden können, über die man sonst gar nicht hätte sprechen können. Dies wirkt sich in der Regel auch für die zweite oder dritte Beziehung heilsam aus. Denn auch dort braucht die Liebe die Schule der Selbstlosigkeit. Wenn ich wirklich die Kunst des Liebens lernen will, dienen auch diese Fragen dazu, an mir zu *schleifen*,

an mir zu arbeiten, damit ich liebevoller werde: Wie viel Ehrlichkeit braucht die Liebe? Wie viel Freiheit braucht die Liebe? Wie viel Schmerz kann ich mir sozusagen täglich zumuten?
Ich würde gerne zum Abschluss eine These aufstellen: Liebe, so wie ich sie jetzt charakterisiert habe, angefangen beim Todes- und Liebesaugenblick, ist eigentlich die stärkste Erfahrung unserer eigenen Wesenhaftigkeit oder Persönlichkeit. Liebeserfahrung und Todeserfahrung sind Ich-Erfahrungen, sind Existenzerfahrungen. Da sind wir im Kern unserer Persönlichkeit betroffen. Wenn wir Liebe üben, dann üben wir, unseren Persönlichkeitskern immer deutlicher zu erfassen, immer mehr zu leben. Man kann gar nicht die Liebe üben, ohne in seinem Ich stärker zu werden, ohne in seiner Menschlichkeit ausstrahlender zu werden, weil das dasselbe ist. Wenn ich lieblos bin, ist sozusagen mein Persönlichkeitskern verhüllt, ich komme nicht an ihn heran. Ich habe zwar bestimmte Gedanken, Gefühle, Handlungsbestrebungen, aber ich komme nicht an meinen Kern heran. Deswegen ist die Selbstliebe auch so wichtig, denn wenn eine gesunde Eigenliebe da ist, dann hat man den Ansatzpunkt zur Liebe gefunden. Wer sich selbst nicht lieben und achten kann, der kann auch einen anderen Menschen nicht wirklich lieben und achten.

Wer sich selbst nur benützt und im Grunde immer ein bisschen missbraucht und vernachlässigt, der wird dazu auch bei Anderen neigen.
Andererseits gibt es das Umgekehrte, wenn ich einen anderen Menschen lieben lerne, lerne ich mich selbst mehr zu achten. Aber man braucht immer beides.
Wo immer die Liebe in ihrer Wirklichkeit da ist, findet man überall, dass man selbst das Höhere, die Idee der Menschlichkeit in sich und anderen wirklich schätzen lernt. Insofern würde ich gerne die These aufstellen: Jeder Mensch ist dadurch, dass er einen solchen Persönlichkeitskern hat, wirklich zur Liebesfähigkeit und zur Menschlichkeit veranlagt. Wenn man die Liebe als Verwandlungskraft kennenlernen will, dann ist es sehr hilfreich, seine Biographie einmal daraufhin anzuschauen: Wodurch konnte ich in Kindheit, Jugend und Erwachsenwerden meine eigene Existenz in der Begegnung mit anderen Menschen erleben? Wie bin ich durch Begegnungen mit anderen zu mir, meiner Liebesfähigkeit und meiner Menschlichkeit schrittweise aufgewacht? Man wird dann merken, man verdankt eigentlich alles, was man von sich weiß, der Begegnung mit den anderen, mit der Welt. Da war immer ein bisschen Vereinigung, ein bisschen Verbindung mit im Spiel, man ist eigentlich durch die

Liebe zu dem geworden, was man heute ist. Und je bewusster und je umfassender man die Liebe weiter ausbildet in der Begegnung mit der Welt, in der Vereinigung, erkenntnismäßig, gefühlsmäßig, im äußeren Handlungsleben, im körperlichen Umgang miteinander, um so bewusster und zielgerichteter geht auch die Schulung der Menschlichkeit weiter. Aber ohne Anstrengung, ohne Üben wie ein Künstler – täglich – geht es nicht. Und deswegen kann man eigentlich so schwer über die Liebe sprechen, weil sie im Grunde etwas ist, was erst dann ihren Namen verdient, wenn es real gelebt wird.
Genauso sicher ist auch, dass das Ende dieses Jahrhunderts einen völlig neuen Einschlag braucht, nämlich dass sich jeder dritte, vierte Mensch vornimmt: *Ab heute will ich ein Liebeskünstler werden.* Dann sehen in drei, fünf, sieben Jahren das Leben und die Kultur wirklich anders aus. Ich hoffe, dass die Liebe, so verstanden, zu der ansteckendsten Gesundheit wird, die es gibt. Wenn die Sorgen und Probleme größer werden, sollten wir das geradezu als eine Herausforderung empfinden gegenüber dem Negativen, ganz bewusst positive Kräfte, Liebeskräfte anzuhäufen, anzusparen und gleichsam auf ein Konto zu legen. Wir müssen Reserven anlegen an Menschlichkeit, damit wir uns gerade angesichts der immer schwieriger werdenden Verhältnisse für

Menschlichkeit in all unseren Kulturbereichen und für eine Verstärkung der Liebeskraft wirklich einsetzen können. Ich wünschte wirklich jeder Stadt in Deutschland so eine Initiative wie diese hier in Esslingen: Gesundheitspflege initiativ, und ich möchte meine Ausführungen schließen mit den Worten: Lieben lernen initiativ, das ist die Aufgabe!

Fragenbeantwortung

1. *Wie kann man alle Menschen lieben?*
Die Forderung *alle gleich lieben* ist natürlich sehr abstrakt, denn wir erleben ja täglich, *wie verschieden wir lieben*. Dazu kommt noch eine ganz merkwürdige, allgemeine moralische Forderung: *Du musst alle lieben!* Wer darüber nachdenkt merkt, dass er – wenn er an einer Stelle wirklich selber lieben gelernt hat – tatsächlich fähig ist, jetzt möchte ich nicht sagen, alle zu lieben, sondern sich für alles zu interessieren, alles verstehen zu wollen. Wenn man erfasst ist vom Sinn des Menschseins, weil man die Liebe wirklich erfahren hat, dann interessiert man sich für alles, was sozusagen von diesem Ziel, das man selber erreicht hat, abweicht, weil man ein tiefes Mitleid mit allen empfindet, die so eine Erfahrung nicht gemacht haben. Wenn man

also selber etwas ganz Schönes erlebt, gönnt man es eigentlich jedem und man wünscht einfach, dass es anderen auch so geht, schon damit man sich mitfreuen kann.
Aber man liebt natürlich trotzdem eine Katze anders als einen Hund und Herrn Y anders als Frau Z. Deswegen hat Christian Morgenstern als Dichter diesen Ausdruck geprägt: *Licht ist Liebe.* Für ihn war dies der schönste Vergleich für die Liebe – das Licht. Denn das Licht hat ja gerade die Eigenschaft, dass es alle Dinge so beleuchtet, wie sie sind, dass es alles sichtbar macht, gerade in seiner Verschiedenheit, aber es ist immer dasselbe Licht.
Jetzt kann man natürlich fragen: *Woran merke ich, dass das Liebe ist?* Da würde ich sagen, die Liebe beginnt mit dem Verstehen und endet damit, die Freiheit und die Entwicklung des Anderen zu wollen. Die Liebe zur Natur endet in der Frage: Was braucht die Natur? Sie endet nicht mit der Frage: Was brauche ich? Wenn Menschen und Natur würdig zusammen kommen wollen, müssen beide berücksichtigt werden. Die Liebe hat einfach die Eigenschaft wie das Licht, sich der ganzen Welt zuwenden zu wollen, wenn sie überhaupt als Kraft einmal aufgewacht und bewusst geworden ist.

2. *Es ist schwer mit der Ehrlichkeit – weil sie so sehr verletzten kann*

Dazu ein praktisches Beispiel: Wenn sich zwei Menschen verlieben und beschließen, zusammen zu leben oder zu heiraten, dann finden ja vorher Gespräche statt. Und weil wir in einer Zeit leben, die ganz und gar vom Wirtschaftsleben geprägt ist, haben diese Gespräche oft einen sehr wirtschaftlichen Charakter. Man trifft Vereinbarungen bis ins Wirtschaftliche herein, man tauscht sozusagen aus: *Wenn du das machst, dann darf ich das machen. – Ich gebe dir das, du gibst mir das.* Das ist wie bei einem Tauschhandel und es ist viel von unserem Zeitverhalten, von unserem Nützlichkeitsdenken, von unserem Gebrauchsdenken enthalten. Natürlich ist das auch richtig so.

Die Liebe in der heutige Zeit hat ein stark wirtschaftliches Gepräge. Das geht so weit, dass man heute von Partnerschaft spricht und nicht mehr von Ehe; auch in der Wirtschaft hat man Partner. Das sind heutige Trends. Man spricht auch von Fairness in der Ehe, man spricht von Übereinkünften, was auch sehr gut ist. Dadurch bekommt die gegenseitige Beziehung eine ganz andere Nüchternheit, Ordnung, Abstimmung. Ich möchte das überhaupt nicht negativ sehen. Wenn man aber solche Vereinbarungen trifft, ist man dann auch wie gute Geschäftspartner daran gebunden. Seinen Geschäftspartner darf man nicht über's Ohr hauen, wenn man einen Vertrag geschlossen hat und sich etwas versprochen hat. Genauso ist es natürlich, bei diesen *Partner-Absprachen*. Hier kann es auch Abstufungen geben, es gibt Verträge, da ist der Kuss erlaubt und die Umarmung, aber weiter darf es nicht gehen, oder man darf noch senkrecht bleiben, da ist alles erlaubt, aber horizontal darf sich nichts abspielen. Dann ist die Frage: Was ist die Schräglage ...? Es gibt viele Beispiele, die wirklich sehr detailliert verabredet sind und woran man dann auch gebunden ist.

Wenn der Partner gesagt hat: *Wenn das passiert, ziehe ich aus – Wenn das passiert, das halte ich nicht aus, da werde ich krank*, dann besteht ein gewisses Drohpotential, das Angst macht. Jetzt kommt einer der beiden jedoch in die Situation und er hat das Gefühl *Das kann ich dem anderen nicht zumuten*. Deswegen muss man tatsächlich in so einem Fall, wie auch in der Wirtschaft, zunächst das Gespräch suchen und klären, ob diese Vereinbarungen noch aktuell sind oder ob man vielleicht doch neue treffen muss. Wenn man aber darüber nicht sprechen kann oder meint, es nicht zu können, ist man dann wirklich in einer schwierigen Situation. Meistens werden dann Freunde eingeschaltet,

die irgendwie vorsichtig testen sollen, ob das überhaupt geht. Deswegen kann ich an der Stelle eigentlich nur raten, solche heiklen Vereinbarungen nicht zu treffen. Wenn man eine ehrliche Beziehung haben will, dann darf man nicht angstbesetzte Vorstellungen einbringen und sich durch Verträge da absichern, wo Mut und Vertrauen gefragt sind. Ich kann und darf doch der Entwicklung des Anderen und seinem Schicksal nicht vorgreifen.
Angesichts dieser Thematik würde ich lieber im Ehevertrag versprechen: *Du kannst dich darauf verlassen, dass ich immer ehrlich sein werde.* Das kann man einhalten. Man kann dann eine Lösung finden in diesem Prozess des Beratens, des Sich-Aussprechens, des Einen-Weg-Miteinander-Gehens, des Verstehen-Wollens *Warum ist es so gekommen?* In Eheberatungsgesprächen erlebt man häufig, dass gerade eine Krise, wenn sie von beiden Partnern verarbeitet worden ist, zu einer starken Vertiefung der Beziehung führt. Wenn aber nicht im Ehevertrag steht, dass man Krisen gemeinsam bespricht, dass man ehrlich miteinander ist, dass man, wenn so etwas passiert, auch eine Beratung aufsucht, wenn man es zu zweit nicht schafft, dann ist es unter Umständen schwer, es auf den Weg zu bekommen.

3. *Es wird nach einer gestörten Vater-Beziehung gefragt*

Zur Frage der abgebrochenen Beziehung zum Vater: Man würde dem Vater eigentlich sehr gerne noch bestimmte Dinge sagen, obwohl man weiß oder empfindet, dass es ihn vermutlich verletzen wird, denn sonst hätte man nicht so lange gewartet damit. Hat Liebe nicht auch etwas mit Mut zu tun? Wenn der Vater schon so lange mit diesem Nichtwissen gelebt hat und man möchte, dass er diese Illusion oder dieses Nichtwissen nicht mit in den Tod nimmt, dann würde ich das als Beispiel für eine heilsame Motivation und auch als einen ganz wichtigen Akt der Liebe ansehen, die sich in diesem Fall in Mut kleidet – selbst wenn es ihn schmerzt. Denn ohne Illusionen in den Tod zu gehen und bestimmte Dinge wieder ganz zu machen, wo Löcher waren, wo etwas fehlt, das gehört eigentlich zu den wichtigsten Pflichten der Nächstenliebe, dass man sich vor dem Sterben so viel wie möglich verzeiht und auch bestimmte Dinge noch sagt. Da gibt es ja auch in der Literatur viele Beispiele dafür, wie wichtig das ist.

Und das führt auch noch in ganz andere Aspekte des Übens herein, denn jeder Abend, wenn man Schlafen geht und das Bewusstsein mehr oder weniger auslöscht, ist ein kleines Sterben. Für die

Kunst des Liebens ist es eine sehr wichtige tägliche Übung, dass man sich jeden Abend überlegt: *Wen habe ich heute verletzt und wo hatte ich Gelegenheit, ein bisschen Liebe zu üben, wo ist es geglückt?* Man muss sich darüber Rechenschaft ablegen, jeden Abend. Im neuen Testament, wo in einer anderen Sprache die große Schule des einen Gebotes, nämlich der Liebe, beschrieben ist, kommt dieses Bemerkenswerte darin vor: *Und wenn dein Bruder sieben Mal dich schädigt, vergib ihm sieben Mal.* Hier kommt man sozusagen an die schwierigsten Fragen dieser Kunst des Liebens heran, an die Frage des Vergebens. Was man abends nicht schafft und sozusagen an Nicht-Verzeihen-Können mit in die Nacht nimmt, das staut sich natürlich auf; wenn man das jedoch *als geballte Ladung* noch mit über den Tod nimmt, dann wird es – wenn ich das so sagen darf, weil ich persönlich von der Wiederverkörperung überzeugt bin – im nächsten Leben zu einer mitgebrachten, ganz tiefsitzenden Antipathie gegenüber diesen Menschen. Man muss auch einmal fragen, woher kommen meine tief eingewurzelten Antipathien? Für die Sympathien sind wir alle dankbar, aber auch die Antipathien haben Geschichte. Überall, wo ich verzeihe, befreie ich mich und den anderen, dass wir uns sozusagen menschenwürdig neutral begegnen können. Wenn ich einen Hass mit in den Tod nehme, muss ich mich unter Umständen mein ganzes nächstes Leben mit eingewurzelten Antipathien herumschlagen und das ist nicht beneidenswert. Man verschiebt dann das Problem. Trotzdem ist auch das ehrlich, denn es gibt einfach manche Dinge, die kann man jetzt noch nicht bearbeiten, aber man weiß, irgendwann wird man es können, man schiebt das Problem dann eben auf.

4. *Wie ist es mit der Therapeut-Patient/Klient-Beziehung?*

Die Therapeut-Klient- oder Therapeut-Patient-Beziehung ist so ein Zwischending zwischen dem, was ich vorhin als Vater-Mutter-Kind-Beziehung und als Partner-Beziehung dargestellt habe. Auch die Lehrer-Schüler-Beziehung ist viel eindeutiger, viel klarer, weil sie weniger mit Abhängigkeit zu tun hat. Ich habe vorhin Paracelsus zitiert, dass die Liebe die wichtigste, die größte Arznei oder die einzig wahre Arznei ist. Genauso kann eine menschliche Beziehung heilen – denn Liebe ist ja Wesensausdruck eines Menschen, seine Ich-Natur, sein Kern, seine Ausstrahlung, sein Charakter, wirklich sein Wesen. Wenn ich einem anderen Menschen gegenüber liebevoll bin und mich mit seinem Schicksal identifiziere, mich ganz an ihn hingebe,

wie ich es ja mache als Therapeut, mit all meinem Wissen, mit all meinem Können, diesem Kranken zur Verfügung stelle, bin ich immer in der Gefahr, mich darin etwas zu sehr persönlich zu verwirklichen. Auf das aufmerksam zu werden, wo man Eigenliebe aktiviert, ist wichtig.
Meine Erfahrung ist, dass man in der Arzt-Patient-Beziehung sich leichter erschöpft und zu viel Kraft investiert, wenn man das nicht genügend im Auge hat. Man muss und darf sich ganz hingeben, aber ohne irgendwelche nur persönlichen Anteile. Man müsste jetzt natürlich auch darüber sprechen, was für Stufen das hat. Ich kann jetzt nur das Prinzip sagen: Wenn ich als Arzt die große Nüchternheit spiele und sozusagen nur das Rezept ausschreibe, dann ist das nicht genug. Das hängt natürlich vom Verlauf ab, bei seelischen Krankheiten ist es zwingend, aber auch bei vielen körperlichen Krankheiten ist es nötig, dass der Patient das Gefühl hat, der Doktor steht total hinter ihm, er setzt sich für ihn ein. Um so größer sind die Erfolge. Und diese Droge *Arzt*, die muss man geben können, die muss auch voll aufgenommen werden können, aber sie muss selbstlos gegeben werden, das ist die Schule, dass man sich persönlich heraushält. Es gibt ein Kriterium für diese Liebesqualität, an dem man dies prüfen kann: Wo ich ins *burn-out* komme, wo ich

mich erschöpfe, kann ich ganz sicher sein, es war zu viel Selbstverwirklichung darin, Gut-Sein-Wollen, Heilen-Wollen, Alle-Lieben-Wollen als Selbstverwirklichung und nicht wirklich als Hingabe, als ein Dienst am anderen, da war es doch mehr ein Dienst an mir selbst und meinem Image. Wenn es mich erschöpft, kann ich bei der abendlichen Rückschau mich prüfen und fragen: Wo bin ich da mit mir selber nicht ganz ehrlich gewesen?

5. *Können Sie noch etwas zur Mann-Frau-Beziehung sagen?*

Das spezifisch Männlich-Weibliche kann bei der Lebensrückschau, nicht bei der Tagesrückschau, bewusst werden. Vorhin sagte ich, die Liebe sei wie eine Sonne, die Objekte bescheint. Genauso ist es, wenn ich einen Mann, eine Mutter, einen Vater, eine Frau liebe, die Qualität der Liebe ist unterschiedlich und auch das, was ich in der objektbezogenen Liebe suche. In der Mutterliebe wird Schutz, Geborgenheit, Vertrauen eingefordert, man darf immer wieder kommen, man bekommt alles verziehen, völlig selbstverständlich. Das ist und darf sein bei der Mutterliebe. Wenn aber der Mann seine Frau wie eine Mutter liebt, die ihm Schutz und Geborgenheit gibt, immer verzeiht, immer für ihn da ist, dann ist das pathologisch. Es gibt viele

solcher pathologischen Beziehungen, die früher oder später einen Psychotherapeuten brauchen, weil das keiner aushält. Oder die Frau ist so reif, dass sie die Mutterrolle bejaht und auf die Partnerrolle verzichtet.
Was ist spezifisch für die Vaterliebe? Vorbild, Schutz, in der Auseinandersetzung mit dem äußeren Leben die richtige Hilfestellung geben. Das kann natürlich auch eine Frau übernehmen, aber es ist eine spezifisch väterliche Qualität. Männer möchten nicht nur Geborgenheit und Gefühle bieten, sie wollen lieber etwas zeigen, etwas tun, etwas vormachen. Wenn man aber als Frau beim Mann in erster Linie Schutz sucht, sozusagen den starken Mann, der immer aufpasst – man möchte in erster Linie in allem Äußeren die Härten ein bisschen abgenommen kriegen und immer alles liebevoll gezeigt bekommen –, dann ist auch das ein Missbrauch der Partnerliebe und man liebt im Grunde ein Vaterideal. Man ist noch nicht ganz erwachsen, ist mehr in der Rolle des Kindes. Zur Partnerliebe gehört, dass man mit diesen verschiedenen Spielarten frei umgehen kann und jeweils das geben kann, was gebraucht wird. Da schützt einer mal den anderen und da gibt einer dem anderen Geborgenheit. Der Mann hat die Spielarten der mütterlichen Liebe genauso gelernt wie die Frau

diejenigen der väterlichen, und sie leben es in ständigem Geben und Nehmen aus. Man ist mal schutzbedürftig, dann ändert sich das wieder. Dann gibt es einmal den starken Mann und einmal die starke Frau, die den anderen über Monate hin trägt und versorgt. Aber das ändert sich auch wieder. Wenn das gerne und freiwillig geschenkt wird, was der andere jetzt braucht, ohne dass der andere das ausnützt und einen Garantieschein haben will: *So bist du jetzt immer!* – dann ist das völlig in Ordnung. Das ist die Erwachsenenliebe, dass man jeweils das in Freiheit gibt, was ideal ist, was gebraucht wird, und nicht dass man auf eine bestimmte Rolle festgelegt wird.

6. *Was hat das Zeigen oder Nicht-Zeigen von Gefühlen damit zu tun?*

Auch Frauen fällt es nicht immer leicht, ihre Gefühle wirklich ehrlich zu zeigen, obwohl sie es durch die Erziehung besser lernen; man erwartet von ihnen sozusagen in keiner Phase, dass sie es nicht tun. Die männliche Konstitution hat es leichter, Gedanken und Taten zu äußern und mit den Gefühlen zurückhaltender zu sein als die Frau, die konstitutionell mehr für die Mitte begabt ist und gedanklich und willensmäßig mehr *am Gefühlsleben dran ist*. Der Hauptunterschied ist, dass bei der männlichen Konstitution Denken, Fühlen und Wollen unabhängig voneinander sind. Bei der Frau sind diese Seelenfähigkeiten mehr ineinander geschoben. Deswegen erlebt sie ihr Seelenleben immer sehr einheitlich und erträgt es im Grunde schwer, wenn Denken, Fühlen und Handeln nicht zusammen stimmen.

Der Mann hat es dagegen leichter, rational zu sein, seine Gefühle beiseite zu lassen und äußerlich noch seine Geschäfte zu besorgen. Er kann Denken, Fühlen und Wollen besser voneinander trennen. Da liegt ein großer Unterschied und damit ist auch der Vorwurf verbunden, der Mann zeige nicht so viel Gefühl, weil dieses Einheitliche vom Mann tatsächlich nicht so leicht erlebt wird, wie das für die Frau konstitutionell typisch ist. Die Liebe zwischen Mann und Frau ist ein großes eigenes Thema, weswegen diese Thematik jetzt ganz entschieden zu kurz gekommen ist. Unser Thema heißt: *Die Liebe als Verwandlungskraft* und das ist einfach die Quelle der Menschlichkeit. Alles entwickelt und verwandelt sich unter ihrem Einfluss hin zum Guten. Wenn die Unmenschlichkeit waltet, entstehen Hindernisse und Hemmnisse. Hier möchte ich wieder an Hans Jonas und Viktor Frankl anknüpfen. Gerade angesichts des Bösen wird einem die Quelle des Guten im Menschen stärker bewusst. Die Frage geht an uns alle als Menschheit: Wie viel Schlimmes und abgründig Böses muss noch geschehen, damit wir genügend aufwachen zu den Quellen des Guten in uns? Denn das Problem ist, dass wir leicht bequem werden, wenn es uns zu gut geht. Wir sind jetzt am Ende einer Wohlstandsepoche in Deutschland. Die Jahrzehnte nach dem Krieg haben in einer Weise in die Lieblosigkeit geführt, wie es wohl kaum jemand erwartet hat. Ich bin ein Nachkriegskind, ich hätte es nicht für möglich gehalten, dass das Ergebnis dieser materiellen Fülle, dieser Bequemlichkeit und dieses Wohllebens eine derartige Talfahrt der Menschlichkeit mit sich bringen würde. Die Mitmenschlichkeit nach dem Krieg war – bildlich gesprochen – um den Faktor fünfhundert größer als heute. Das muss uns zu denken geben. Damit ist auch die Rolle des Bösen in der Welt in erschütternder Weise klar: Augenscheinlich brauchen wir ein gewisses Maß an Schmerz, um uns der Freiheit zum Guten bewusst zu werden. Insofern ist lieben lernen aus innerem Antrieb zugleich der schönste Weg, um Frieden verbreiten zu helfen.

Wie erkenne ich meinen Engel?

Dem nachfolgenden Kapitel liegt ein am 19. Januar 2004 in Esslingen gehaltener Vortrag zugrunde. Bei der Überarbeitung des Textes für den Druck, wurde der Vortragsstil bewusst beibehalten.

Verehrte liebe Anwesende, lieber Herr Keding.

Diese Esslinger Vortragsreihe, die mit dem heutigen Abend ihr zehnjähriges Jubiläum feiert, hat etwas Besonderes an sich. Sie wird nicht nur sehr intensiv vorbereitet, sondern das Publikum ist auch speziell aufmerksam. Und so ist es mir eine Freude, mich auch meinerseits anlässlich dieses Jubiläums für die ausgezeichnete Zusammenarbeit zu bedanken. Ich wünsche Herrn Keding und der *Gesundheitspflege initiativ* eine inspirierte Weiterentwicklung für die nächsten zehn Jahre!
Zur Vorbereitung dieses Abends hat Herr Keding einige Fragen gestellt, die ich Ihnen zur Kenntnis geben möchte:

- Hat sich die Beziehung zwischen Mensch und Engel im Laufe der Geschichte verändert?
- Auch im individuellen Leben stehen wir vor neuen Erkenntnisaufgaben. Je älter wir heute werden, desto neuer und unge-

wohnter wird unsere Beziehung zum Engel.
- Weshalb brauchen Engel heute die Mitwirkung des Menschen mehr als je zuvor?
- Wie wirkt unser Bewusstsein vom Engel auf die körperliche Gesundheit und die Gesundheit auch der äußeren Natur, der Natur um uns?
- Was geschieht, wenn der Mensch seine Erkenntnisaufgabe dem Engel gegenüber nicht erfüllt?

Ich will diese Fragen gerne in meine Ausführungen einbeziehen:

Beziehung zwischen Mensch und Engel

Noch im Mittelalter war es selbstverständlich, dass die Kirchen mit Engeldarstellungen geschmückt wurden, und dass *man wusste*, wie Engel aussehen und wie man sie darstellt. Vergleichen wir die Engelbilder in der christlichen Kunst - einschließlich der Ikonenmalerei im Rahmen der Ostkirche - so überrascht uns die Einheitlichkeit der Motive: Engel sind geflügelte Wesen, mit wachen großen ausdrucksvollen Augen, die Gewänder sind fließend und geben diesen Wesen das Gepräge einer lichtvollen Erscheinung und einer leichten beweglichen Gestalt. Die Farben der Gewänder sind transparent oder auch kraftvoll leuchtend, immer harmonisch aufeinander abgestimmt und die Schönheit der Gestalt hervorhebend. Ganze Künstlergenerationen haben über Jahrhunderte ihr Talent daran gewendet, diese Engelwelt darzustellen. Man kann nun fragen, warum gibt es aus der vorchristlichen Zeit zwar in Hülle und Fülle Götter- und Heroendarstellungen, nicht aber Engelbilder? Und warum finden wir im 19. und 20. Jahrhundert mehr schriftliche Bezeugungen von Engelgegenwart und Engelnähe als überzeugende neue Darstellungen in der bildenden Kunst? In der für unseren Vortragsabend notwendig gebotenen Kürze möchte ich dazu nur sagen: sicher scheint mir zu sein, dass die Darstellung übersinnlicher Wesen im Laufe der Jahrhunderte den jeweiligen Bewusstseinszustand abbildet, der für die Menschen in einer bestimmten Zeit charakteristisch ist. Da fällt es nun auf, dass in der vorchristlichen Zeit augenscheinlich die Menschen noch ein unmittelbares Wahrnehmungsvermögen für die geistige Herkunft und auch Gottdurchdrungenheit von Erde, Natur und Weltall hatten. Alles sah man durchgeistigt und beseelt an, weswegen wir diese kulturellen Erscheinungsformen ja auch mit Worten wie Polytheismus und Animismus (Vielgötterei, Naturdurchseeltheit) charakterisieren. Durch das Auftreten der großen monotheistischen Religionen, insbesondere durch das Christentum, wurde die Wahrnehmung der göttlichen Welt nicht mehr über die Sinnesbeobachtung (Natur, Erde, Gestirne) gesucht, sondern durch Hinwendung zu den innerseelischen Tätigkeiten des Denkens, Fühlens und Wollens. Worte wie das aus dem Neuen Testament: *Das Reich Gottes ist inwendig in Euch* werden wegleitend. Das Reich Gottes wird nicht mehr primär draußen in der Natur als der Schöpfung Gottes gesucht, sondern in der eigenen Seele. Von da an nehmen die Darstellungen in der bildenden Kunst den oben charakterisierten imaginativen Charakter an und es kommt zu der Fülle von Engeldarstellungen, die man äußerlich gesehen nirgendwo findet und die sich auch auf nichts in der äußeren Natur beziehen. Jetzt werden rein übersinnliche, d.h. in der denkenden und fühlenden Seele unmittelbar erlebte Wesen geschildert, so wie sie hier erscheinen können - entweder in menschenähnlicher Gestalt, oder aber als Licht-, Farb- und/oder Krafteindruck. Nicht Geistiges in den Naturerscheinungen, sondern das Übersinnliche selbst, die *höhere Natur* werden gesucht.

Nicht nur aus dem Ersten und Zweiten Weltkrieg, sondern auch aus unterschiedlichen Alltagssituationen sind viele Zeugnisse von Engelbegegnungen bekannt. Sie liegen in brieflicher, gedichtförmiger oder sonst literarischer Art vor. Sie zeigen das große Erstaunen, die Freude, aber auch tiefe Erschütterung über eine spirituelle Dimension der menschlichen Existenz, von der man bisher nicht gewusst hat. Denn in unserem heutigen Schulbetrieb, in Studium und Berufsausbildung entwickeln wir ein so genanntes *normales Bewusstsein* in dem kein Platz für Engel ist. Allenfalls im Religionsunterricht kommen sie vor, haben jedoch keinen Bezug zu allen übrigen Unterrichtsfächern. *Das sichere Wissen* im gegenwärtigen naturwissenschaftlich-materialistisch inspirierten Zeitalter lässt keinen Raum für die Frage nach höheren Wesen, wie Engel es sind. Wichtig ist jedoch die Frage, warum das so ist und worin der Sinn einer solchen Entwicklung für die Menschheit liegen könnte. Auf der einen Seite kann diese Entwicklung tragisch erlebt werden, da die spirituelle Dimension des Daseins verloren gegangen ist oder verloren zu gehen droht, bzw. nicht mehr integriert ist in Schul- und Berufsausbildung mit anschließender Gestaltung von Leben und Arbeit. Auf der anderen Seite lässt gerade diese einseitige Entwicklung Raum dafür, dass sich der einzelne Mensch erstmals - im Gang der Menschheitsentwicklung überhaupt - bewusstseinsmäßig so frei erlebt, dass er sich sogar von einer geistigen Welt vollkommen distanzieren kann und unabhängig weiß. Die Frage, was es bedeutet, dass der moderne Mensch die Engelwelt nicht mehr selbstverständlich im Bewusstsein hat, kann gerade auch am Anfang einer neuen *freiwilligen* Suche stehen, den Zugang zu dieser Welt selber zu finden. Ich denke es ist deutlich, dass sich mit diesem Bewusstseinswandel und der sich immer mehr aktualisierenden Freiheit ein klarer Sinnbezug erkennen lässt: die Entwicklung innerer und äußerer Freiheit wären undenkbar, wenn der Mensch nicht einer spirituellen Führung entwachsen könnte und vor die Entscheidung gestellt würde, welche Art innerer oder äußerer Führung er sich anvertrauen will, bzw. inwieweit er bereit ist, selber Verantwortung zu übernehmen für das, was er denkt und tut, und für die Art, wie er sich aufs neue mit der geistigen Welt und ihren Wesen in Beziehung setzen möchte. Der Satz aus dem Johannesevangelium (Joh.6,8): *Und Ihr werdet die Wahrheit erkennen und die Wahrheit wird Euch frei machen* kann hier eine entscheidende Orientierung sein. Denn für beides, sowohl für die Wahrheitsfindung wie auch für das Freiheitserleben brauchen wir etwas,

worüber wir normalerweise nicht nachdenken: unser Denken.
Ohne Denken ist Wahrheitsfindung nicht möglich. Ohne Denken ist aber auch Freiheit nicht möglich, denn nur hier sind wir wirklich frei, da alles denkbar ist. Auch das viele, was wir - noch - nicht realisieren können, können wir bereits denken. Im Denken tragen wir unsere Vergangenheit, Gegenwart und Zukunft immer mit uns. Im Denken können wir uns frei bewegen, auch wenn wir im Gefängnis sind, so lange man unseren Körper nicht so schädigt, dass er ein bewusstes Reflektieren nicht mehr zulässt. Das Spannende an einer solchen Betrachtung ist, dass gerade dieses Denken, was uns die Freiheits- und Wahrheitserfahrung vermittelt, von den frühchristlichen und mittelalterlichen Engelforschern und Künstlern immer als das Begegnungsmedium zwischen Engel und Mensch gesehen wurde. Wenn man heute einen Künstler fragt, male doch einen Engel, und dieser zurückfragen würde, wie das denn gehen solle, wie er sich den Engel vorstellen könnte um ihn zu malen, dann bräuchte man ihm nur zu sagen: Versuche doch einmal das Wesen der Gedankenwelt zu malen. Denn wenn wir Gedanken malen würden, so müssten wir etwas Leichtes malen, etwas Schwebendes, Transparentes, und doch immer Geformtes,

Klares, Substantielles, allerdings auch leuchtend Farbiges. Letztlich sind es Gedanken, die Licht in die Wirrnisse und Problemsituationen des Lebens und aller Erscheinungen werfen können. Gedanken sind immer, wenn wir sie klar fassen, präzise, kontrolliert, aussagekräftig und wahr - sie haben immer eine Botschaft. Und was heißt Engel, wenn wir dieses Wort aus dem griechischen übersetzen? *Angelos* als Wort heißt einfach *Bote*. Engel sind Boten Gottes, Boten der Wahrheit. Ein Wahrheitserlebnis haben wir immer dann, wenn Gedanken mit dem sinnlich Erfahrbaren zur Deckung kommen, oder eine Lebenserfahrung gedanklich verarbeitet plötzlich Sinn macht.

Scotus Eriugena, Mönch im 9. Jahrhundert, hat in seinem berühmten Buch *De divisione naturae* eine Meditation über das Denken durchgeführt, die bis heute aktuell ist. Er fragt: wem verdankt der Mensch seine fest geformte Körperlichkeit? Die Antwort ist: er verdankt seine Körperlichkeit der Tatsache, dass es Mineralien gibt, feste Substanzen auf der Erde, aus denen auch sein eigener Körper gebaut ist. Wem aber verdankt der Mensch sein Leben? Die Antwort lautet: der Tatsache, dass es eine Evolution der Pflanzen gibt, die schon lange vor ihm auf der Erde gelebt haben und aus deren Entwicklungsgrundlage die Möglichkeit seiner eigenen Lebensverwirklichung hervorgegangen ist. Wem aber verdankt der Mensch, dass er über seelische Eigenschaften verfügt? Der Tatsache, dass es Tiere gibt, die in differenzierter Weise alle Triebe und Emotionen darleben, die der Mensch in sich vereinigt und mit denen er selbstbestimmt umgehen lernen muss. Gibt es doch keine tierische Regung, weder seelisch noch körperlich, die der Mensch nicht auch in sich hat und ausleben könnte. Für Scotus Erigena wird so die Frage deutlicher, was der Mensch originell für sich hat und nur sich selbst verdankt. Er stellt aber auch die Frage, die unser Thema betrifft: Was verdankt der Mensch dem Engel?, diesem höheren Naturreich, in dem wir uns nur denkend bewegen können und die wir nirgendwo *mit Augen* sehen. Die Antwort lautet: der Mensch hat sein Denken mit den Engeln gemeinsam, er verdankt der Engelwelt die Fähigkeit zu denken. Zwischen der pflanzlich-tierischen Natur und der Engelwelt erlebt sich der Mensch als Geschöpf und kann nun fragen, wie gehe ich mit dieser meiner Menschenschöpfung um, wer bin ich eigentlich, was kann nur ich tun innerhalb dieser Schöpfung, was verdanke ich mir selbst? Gibt es überhaupt irgendetwas, wo der Mensch nur von sich selber abhängt und nicht von natürlichen und/oder übernatürlichen Wesen bestimmt wird?

Gibt es einen Bereich, wo die Engel den Menschen Freiraum geben, sodass er ganz er selber werden kann? Scotus beantwortet diese Frage so, dass er sagt: jeder Mensch ist befähigt, ein selbständiges Urteil auszubilden. Er kann lernen, wirklich selbst zu entscheiden, wie er sich entwickeln will, wie er die Dinge des Lebens bewerten, beurteilen und gewichten möchte. Im Menschen selbst ist ein Bereich, der von der Natur und von der geistigen Welt nicht beeinflusst wird, ein seelischer Freiheitsraum, in dem der Mensch sich selbst erkennen und zwischen der natürlichen und geistigen Welt positionieren kann. Scotus war einer der ersten, die dieses Freiheitserlebnis beschreiben konnten, und war damit seiner Zeit weit voraus. Daher kam sein Buch wohl auch über Jahrhunderte auf den Index der katholischen Kirche für verbotene Bücher. Heute ist das Erleben dieses inneren Freiraums nahezu jedem Menschen möglich. Daher wird Isolation und Geistverlassenheit auch von so vielen Menschen als bitter empfunden. Es ist jedoch aber gerade dieses Erlebnis auch wieder der Beweis für die Gottesnähe, die sich in dem Wort ankündigt: Ihr werdet die Wahrheit erkennen und die Wahrheit wird euch frei machen. Denn wenn diese Prophetie im Sinne des Christentums ist, so muss ja dieses Freiheits- und Einsamkeitserlebnis geradezu der Beweis für die die Freiheitsentwicklung des Menschen unterstützende Engel- und Gottesführung sein. D.h. erleben wir die Freiheit als Qual, als ein Muss, als etwas, wo wir nur mit Verzweiflung, Unsicherheit, Angst und Ohnmacht reagieren können angesichts des Missbrauchs und der vielerorts zu beobachtenden Unfähigkeit, mit der Freiheitsmöglichkeit menschenwürdig umzugehen? Oder können wir das Freiheitserlebnis zum Ausgangspunkt einer neuen, von uns selbst aktiv gesuchten Beziehung zur geistigen Welt und ihren Wesen werden lassen? Wir leben heute als Menschheit im Bewusstsein der Freiheit und das ist das entscheidende Merkmal, was sich gegenüber früheren Jahrhunderten in der geschichtlichen Entwicklung geändert hat.

Engelnähe - Schritte zum Begegnen und Verstehen

Wie geht der moderne Mensch mit seiner Gottverlassenheit um, sodass diese ihn zu neuer Gottsuche aufrichtet und nicht zerschmettert? Wie lernen wir uns über die Mündigkeit freuen, die mit der Gottesferne im Bewusstsein verbunden ist? Wie können wir uns auf den Weg machen, eine neue Beziehung zu unserem Engel zu suchen? Wie sehen die Schritte aus?

Seine Anwesenheit

Gründe, nach dem Engel zu fragen und konkrete Schritte zu tun, seine Nähe und Gegenwart zu erleben, gibt es viele. Meist haben sie eines gemeinsam: das Erleben von Ohnmacht, Leid, Sinnlosigkeit angesichts bestimmter Lebenserfahrungen. In solchen Momenten kann uns eine Eigentümlichkeit des Seelenlebens bewusst werden: dass es da etwas in uns gibt, welches nicht aufgeben will, nach einer Lösung des Problems zu suchen. Welches auch dann noch nach dem Sinn fragt, wenn wir die schiere Sinnlosigkeit erleben. Ja mehr noch, es kann sein, dass wir schon wiederholt aufgegeben haben, nach dem Sinn eines furchtbaren Ereignisses zu fragen, und trotzdem bemerken wir, dass es uns keine Ruhe lässt und dieselbe Frage sich immer und immer wieder in unser Bewusstsein drängt. Wie kommt es, dass es diese Anwesenheit von Hoffnung und Vertrauen in der Seele gibt? *Was* in uns hält denn hier Wache und gibt nicht auf, versucht wieder und wieder die Fragen offen und beweglich zu halten und einer neuen Beleuchtung, die vielleicht sinnstiftender ist, zuzuführen? Was ist da anwesend, von dem wir sagen können, dass es in unser Bewusstsein hereinschaut, unser Leben anschaut und sagt: das kann doch nicht alles sein, da muss doch noch etwas sein, was über Deine momentane Verzweiflung und Dein Unverständnis hinaus reicht. Bleib doch wach, gib nicht auf. Versuch es wieder, wieder, wieder .... Auf diesen Seelenbezirk aufmerksam zu werden, ist ein erster konkreter Schritt, die Anwesenheit des eigenen Engels in Erfahrung zu bringen.

Entwicklung neuer Eigenschaften

Ein zweiter Schritt kann darin bestehen, zu bemerken, dass wir unseren Engel dadurch finden können, dass wir Eigenschaften entwickeln, die engelartig sind. Welche Eigenschaften hat man denn früher den Engeln zugeschrieben? Man nannte sie Boten. Man nannte sie Schutzengel. Man nannte sie auch Wächter. Eben diese Qualitäten in der eigenen Seele zu bemerken, kann ein zweiter konkreter Schritt sein: auf die Botschaften zu achten, die durch bestimmte Erlebnisse im Laufe des Tages an uns herankommen. Das kann ein plötzlich aufsteigender Gedanke sein oder auch eine Empfindung angesichts von etwas, was man erlebt hat. Ständig stürmen Informationen auf uns ein - viel mehr, als wir verarbeiten können. Wir sind sozusagen überschwemmt von Botschaften. Engelwirksamkeit können wir daran erkennen, dass plötzlich irgendetwas so auftritt, dass wir - vorausgesetzt, wir sind wirklich aufmerksam - die darin liegende besondere Botschaft erkennen und die damit verbundene Hilfe unmittelbar erleben. Das kann z.B. konkret so aussehen, dass wir müde und abgehetzt von der Arbeit nach Hause kommen. Wieder war es nicht gelungen, den Arbeitsplatz zur gewünschten Zeit zu verlassen, und nun steht der Rest des Tages mit allem, was man sich dafür vorgenommen hatte oder was von einem erwartet wird, unter dem Zwang von Zeitdruck, von Entschuldigungen, von Verschiebungen etc. In entsprechender Stimmung sitzen wir am Steuer unseres Autos und fühlen uns angespannt, zerrissen. Plötzlich schießt ein von rechts kommendes Auto mit hoher Geschwindigkeit in die Straßenkreuzung herein und wir bemerken in letzter Minute, dass wir eine Vorfahrt nicht beachtet haben. Zum Glück fuhren wir selbst nicht mit überhöhter Geschwindigkeit und der Fahrer des andern Wagens ist extrem wach, sodass beide Wagen so zum Stehen kommen, dass nur ein geringfügiger Blechschaden entstanden ist. Der Schock ist aber groß und macht möglich, was alles Grübeln über die missliche Lebens- und Arbeitssituation und das damit verbundene Selbstmitleid nicht vermocht haben: schlagartig empfindet man die Seiten der eigenen Existenz, die man in den letzten Wochen so gut wie gar nicht mehr bewusst erleben konnte: Dankbarkeit dafür, dass man gesund ist, Freude am Leben selbst mit seiner immer wieder neu überraschenden Vielfalt, wo kein Tag dem andern gleicht. Mit dem Gewahrwerden von Dankbarkeit und Freude an der eigenen Existenz und am Leben kommt so auch wieder die Kraft ins Bewusstsein, die wirkliches Nachdenken möglich macht, wie nämlich jetzt, gerade weil alles so ist wie es ist, der Rest des Tages so gestaltet werden kann, dass er einen würdigen Abschluss findet. Warum kann denn nicht dieses oder jenes noch abgesagt, verlegt werden? Oder aber, wenn man dies nicht möchte, eben diese Arbeit mit umso größerer Konzentration und Motiviertheit in Angriff genommen werden? Vielleicht lässt sich sogar noch Hilfe organisieren, etc. etc. Welche Botschaften kann denn ein Engel für unsere Lebensverwirklichung bereithalten? Nicht nur in so dramatischen Augenblicken, sondern auch in ganz unscheinbaren Begebenheiten kann die

Botschaft enthalten sein, die wir brauchen: ein spielendes Kind, ein Regenbogen, ein Mensch, der uns unerwartet anlächelt. Immer sind es letztlich Botschaften, die wir uns eigentlich aus höherer Perspektive selbst sagen könnten. Es sind Botschaften, die uns an unsere Menschlichkeit erinnern, sie machen uns unser wahres Wesen wieder bewusster und bringen mehr Freude, Helligkeit, Leichtigkeit ins Leben und können diesem sozusagen Flügel verleihen.

Die Schutzqualität

Wie oft waren wir schon verzweifelt und letztlich doch beschützt, etwas unwiderruflich Destruktives zu tun. Plötzlich kommt uns ein *rettender Gedanke* oder es fällt ein Wort, das uns trösten kann - wie zufällig. Oder wir treffen auf ein Buch und lesen etwas, was uns neu orientiert.
Es gibt immer etwas, was gerade da schützen kann, wo die schiere Ausweglosigkeit oder auch der Tod vor Augen stehen. Plötzlich kommt die Botschaft von einem Vertrauen in die Seele, welches die Gewissheit vermittelt, dass in der vergänglichen Existenz die ewige fühlbar ist. Lebt doch - wenn auch unbewusst - die ewige Existenz in uns

in Form von Gedanken, die ihrer Natur nach nichts Materielles und damit Vergängliches an sich haben. Weil wir jedoch die tragende, schützende und haltende Kraft der Gedankenwelt zu wenig bemerken, und allzu meist nur dasjenige denken, was den Sinnen zugänglich und damit vergänglich ist, kann sich in die berechtigte Sorge um die physische Existenz nicht auch das Vertrauen und die Sicherheit der geistigen Existenz gegenüber mischen. In dem bekannten Buch von Felix Dahn *Ein Kampf um Rom*[1] steht der bemerkenswerte Satz: Wenn etwas ist gewaltiger als das Schicksal, dann ist´s der Mut, der´s unerschüttert trägt. Dieser Satz kam mir wieder in Erinnerung bei der Lektüre des Buches von Adrienne Lochte *Sie werden dich nicht finden. Der Fall Jakob von Metzler*[2]. Sehr oft wird diese Schutzfunktion des Engels am morgen erlebt. Irgendwann ist man trotz aller Verzweiflung im Laufe der Nacht doch noch eingeschlafen und sieht plötzlich am nächsten Tag alles mit neuen Augen an, als hätte man über Nacht eine Botschaft vernommen, an die man sich zwar nicht mehr erinnern kann, die einen aber befähigt, mit mehr Ruhe und auch irgendwie anders gestimmter Seele eben die Dinge zu betrachten, an denen man gestern noch verzweifeln wollte.

Oft wird jedoch gefragt, wieso der Schutzengel es doch auch zulassen kann, dass Menschen zu Schaden kommen und der Schutz im Augenblick der Gefahr versagt. Dem gegenüber ist zu fragen, wie viele Autofahrten beispielsweise schon erfolgreich hinter uns liegen, bei denen nichts passiert ist. Wie viele Jahre hindurch sind wir beschützt bis auf dieses oder jenes Ereignis, wo uns dann auch einmal ein Unheil getroffen hat. Solche Momente sind - wenn wir ehrlich sind - die Ausnahme! Rudolf Steiner, dessen Geistesforschung wir die umfassendsten Ausführungen über die Wirksamkeit der Engelhierarchien verdanken[3], hat immer wieder darauf hingewiesen, wie hilfreich es ist, auf jeden Tag mit der Frage zurückzublicken: wodurch wurde ich heute so konsequent behütet, dass mir nichts Schädliches oder Gefährliches begegnet ist? Wie vielen kleinen oder auch größeren Wundern, welchem Schutz verdanke ich dies? Einen Schutzengel haben bedeutet, dass ungezählte Male das Wunder geschieht, dass uns ein möglicher Schicksalsschlag *nicht* trifft. Wenn es uns jedoch trifft, so hat dies seinen Grund in unserem persönlichen Schicksal, dessen besondere Botschaft für uns der Schutzengel kennt und gerne mit uns teilen möchte. Wir sind ihm gerade im Augenblick der Not besonders nah. Unser Leid ist in seiner sinn-

stiftenden Lebensüberschau geborgen - auch wenn wir es nicht sogleich empfinden können.
So unangenehm es auch erscheinen mag: für uns Menschen gibt es nur zwei Möglichkeiten, zu lernen und damit in Entwicklung zu bleiben: durch freiwillige Einsicht und durch - oft leidvolle - Erfahrung. Der Engel möchte uns schützen, behüten. Er will nicht, dass wir von einer leidvollen Erfahrung in die nächste einmünden. Wenn wir jedoch an unserer Selbsterkenntnis, an den freiwilligen Einsichten nicht arbeiten, so bedarf es eben doch von Zeit zu Zeit der dramatischen Einschläge in der Biographie, um uns Gelegenheit zum Auf-wachen zu geben.
Im Grunde braucht der moderne Mensch heute eine Engelkunde, d.h. ein konkretes Wissen um den eigenen spirituellen Weg, um das Ideal menschlicher Entwicklung, d.h. ein *Evangelium* Ohne *frohe Botschaft* von der menschlichen Entwicklung und ihren Zielen lässt sich das Leben derzeit eigentlich nicht mehr optimistisch und konstruktiv führen. Je mehr wir uns dessen bewusst sind, je besser kann der Engel seine Schutzfunktion wahrnehmen.

Die Wachsamkeit

Wie ist es um unsere eigene Wachsamkeit bestellt? Es gehört ja zu den erschütterndsten Erfahrungen im Alltag, wie vieles wir ausblenden und wie selektiv wir nur das sehen, was uns gerade betrifft oder worauf wir unser Interesse richten wollen. Nun werden Sie sagen, das ist es ja gerade, was man Konzentration nennt: nur das zu sehen und bewusst aufzunehmen, worauf man die Konzentration richtet. Selbstverständlich ist das so. Andererseits gehört aber auch zum Wesen der Konzentration, dass man den Umkreis erkennt, den Kontext erfasst, in dem eine Einzelheit steht, mit der man sicher gerade beschäftigt. Ja, es gelingt die Konzentration im besonderen Fall umso mehr, je besser wir das Detail in einen sinnstiftenden Kontext einordnen, bzw. der damit verbundenen Ganzheit zuordnen können. Wachheit für den Gesamtzusammenhang, in dem das eigene Leben steht, ist ebenso wichtig wie die Konzentration auf den Augenblick, in dem etwas Bestimmtes zu tun oder zu lassen ist. Aber auch die oben genannte Fähigkeit, eine Botschaft wirklich zu bemerken und auf sich wirken zu lassen, ist von unserer Wachheit abhängig. Es wäre doch schade, wenn immer erst ein Autounfall oder fast ein Autounfall passieren müsste, um uns so weit aufzuwecken, dass wir in der Lage sind, auf wesentliche Gedanken oder Gefühle zu achten. Wie oft beispielsweise sehen wir den Mond am Abendhimmel und gehen achtlos an ihm vorüber. Einmal jedoch kann es sein, dass uns die zarte Sichel in der Abenddämmerung so wach findet, dass wir daraus eine Botschaft des Friedens und der Hoffnung entnehmen können. Goethe hat einer solchen Engelerfahrung in seinem Faust ein Denkmal gesetzt. Diese seine eigene dort verarbeitete Lebenserfahrung deckt sich mit modernsten Forschungsergebnissen über selbstmordbereite Jugendliche, die dann später übereinstimmend berichten, was sie im letzten Augenblick von der Durchführung des Suizids abgehalten hat: die plötzliche Erinnerung an einen lieben Menschen aus der Kindheit, der einem vertraut und *dem man so etwas nicht antun kann*. Oder die Erinnerung an einen Satz, einen Natureindruck, etwas, was einem Wert und Würde einer menschlichen Existenz wieder neu ins Bewusstsein bringt. Goethes Beispiel zeigt, wie Faust verzweifelt und selbstmordreif in seiner Studierstube sitzt und gerade das tödliche Gift an die Lippen setzen möchte, um es zu trinken - da läuten mit einem Mal die Osterglocken. Es sind die Mitternachtsglocken, die vom Anbruch den Ostersonntag künden. Wie oft hat Faust in seinem

Leben schon die Kirchenglocken gehört? Wie oft hat ihm dies nichts Besonderes gesagt. Aber in dieser einen entscheidenden Nacht hält ihn der Klang dieser Glocken vom Selbstmord zurück und für den Rest seines Lebens ist er nicht mehr gefährdet, seinem Leben willkürlich ein Ende zu setzen. Warum? Zusammen mit dem Klang der Kirchenglocken tauchen Kindheitserinnerungen auf, ihre Botschaft dringt durch und erreicht sein bestes Gewissen: *Erinnerung hält mich jetzt mit kindlichem Gefühle, vorm letzten ernsten Schritt zurück.*

Während des ganzen Lebens sind wir nicht nur von Gedanken begleitet, sondern sind auch denkend tätig. Denkend arbeiten wir - meistens unbemerkt - an einem langsamen Bewusstwerden bzw. Erwachen unseres eigenen übersinnlichen Wesens. Dieses als Gedankenwesen zu erkennen und das *ewige Leben* in Gedanken zu ahnen, ist ein weiterer wichtiger Schritt. Wir arbeiten sozusagen in einer übersinnlichen Substanz. Alles an Gedanken, mit denen wir uns ernsthaft verbinden und identifizieren, behält für uns seine bleibende Botschaft, wird ein bewusst ergriffenes Stück unserer eigenen übersinnlichen Existenz. An dieser unserer eigenen übersinnlichen Existenz bauen Mensch und Engel bewusstseinsmäßig Tag für Tag. Dabei sei deutlich bemerkt, dass wir nicht unser übersinnliches Wesen *schaffen* oder *aufbauen*. Vielmehr erarbeiten wir uns gemeinsam mit dem Engel ein Bewusstsein davon. Was damit gemeint ist, kann uns durch ein Wort des deutschen Mystikers, Meister Eckehard, deutlich werden: *Wär ich ein König und wüsste es nicht, ich wäre kein König*. Was ist damit gesagt? Wäre ich ein wunderbares ewiges Wesen, ein gottgeschaffener Gott ebenbildlicher Mensch, und hätte kein Bewusstsein davon, so wäre ich es nicht - in Wirklichkeit, d.h. für mein eigenes Erleben und Bewusstsein von mir selbst. Damit ist an die Erkenntnisdramatik des modernen Menschen gerührt, dass wir nämlich eigentlich viel spiritueller sind, als wir wahrhaben wollen oder nur ahnen, dass wir uns nicht bewusst machen - wollen - , wer wir sind, was uns wirklich bewegt, was uns begegnet und was den Sinn unseres Schicksals und unserer Lebensführung ausmacht. Nur weil wir uns dieses nicht bewusst machen, birgt das Leben so viele Abgründe und Verzweiflungen. Denn alles, dessen Bedeutung wir uns nicht erarbeiten, was für uns keine Bedeutung hat, signalisiert uns eben Bedeutungslosigkeit, Sinnlosigkeit und damit Leid. Wir fühlen uns dann umso mehr fremdbestimmt und der Sinnlosigkeit ausgesetzt, je weniger wir in der Lage sind, an unserer eigenen Identität und Selbstbestimmung zu arbeiten.

Oft sind es kleine Begebenheiten im Leben, die uns die Gradwanderung zwischen Selbst- und Fremdbestimmung bewusst machen und damit mehr Humor und Identifikation ins Leben bringen können. Mir ist gestern so etwas passiert. Ich war in Amsterdam auf dem Flughafen mit der Intention, nach Stuttgart zu fliegen. Der Tag war anstrengend gewesen und die Aussicht auf eine entspannte Stunde im Flugzeug ist angenehm. Plötzlich spricht mich ein Bekannter an, freut sich, mich zu sehen, und fragt, welche Sitznummer ich habe. Es stellt sich heraus, dass wir die Plätze voreinander haben, und er sagt gut gestimmt, vielleicht tauscht einer unserer beiden Nebensitzer, sodass wir nebeneinander sitzen können. Mir war in diesem Augenblick klar, dass ich ihn nun entweder mit einem klaren Votum enttäuschen muss und sagen, dass ich diese Flugzeit gerne für mich selber haben möchte, oder aber, dass ich mich voll identifiziert und damit gerne auf diese neue Situation einstellen muss, indem ich das Beste aus der Tatsache dieser unerwarteten Begegnung mache. Denn wenn man in einer solchen Situation nur aus Höflichkeit sich zum andern setzt, bleibt man doch fremd bestimmtes Opfer und gibt ein Stück seiner Würde preis und die des andern, der so behandelt wird, aber auch. Denkt man in einem solchen Augenblick an den Engel und versucht, wach zu sein für seine Schicksalsbotschaft, so kann das ja oder nein noch entschiedener ausfallen. In diesem Fall war ich nun gespannt, warum er gerne mit mir zusammen fliegen möchte und das Gespräch hat dann gezeigt, wie gut es war, dass wir uns gerade jetzt getroffen hatten.

Jeder Tag birgt solche Momente. Es gibt wohl kaum einen Tag, wo nicht unsere eigenen Absichten durchkreuzt werden und unsere Wachheit und Ehrlichkeit gefragt sind, die möglichst situationsgerechte und sachdienliche Entscheidung zu fällen. Auch ein nein kann wohltuend sein und Dinge bewusst machen, die unter der Decke eines höflichen ja noch auf lange Zeit verborgen geblieben wären und nicht hätten bearbeitet werden können. Wie auch immer die Entscheidung ausfällt, wenn es ein positiver Beweggrund ist, ja oder nein zu sagen, so spürt man in diesem Moment der Entscheidung, dass man nicht nur von seiner Freiheit Gebrauch gemacht hat und nun auch bereit ist, mit den dadurch entstandenen oder entstehenden Konsequenzen zu leben, sondern man erlebt auch, dass in jedem Entschluss eine Kraft anwesend ist, die erst durch die Entscheidung wirksam wird: man empfindet sich im Einklang mit seinem eigenen höheren Wesen, man hat ja zu sich und zur

Situation gesagt und dadurch die eigene Existenz verstärkt zur Anwesenheit im Bewusstsein gebracht. Dies kann manchmal so stark sein, dass man die Nähe des das eigene Wesen behütenden Schutzengels mitempfindet. Besonders kann gerade diese stärkende Kraft des Engels empfunden werden, wenn z.B. Kranke mit einem Male eine Wende zur Gesundheit erleben und erstaunt sind, wie schnell sie wieder zu Kräften kommen, nur weil es ihnen gelungen ist, sich mit ihrer Lebenslage zu identifizieren und ein neues Ziel für das Leben mit der Krankheit oder danach ins Auge zu fassen, mit dem sie innerlich einig sind.

Braucht nur der Mensch den Engel, oder auch der Engel den Menschen?

Wolf-Ulrich Klünker hat in seinem Buch *Die Erwartung der Engel*[4] ausgeführt, der Mensch als denkendes Geistwesen und der Engel können in ihrer Existenz nicht unabhängig voneinander begriffen werden. Indem der Mensch den Engel erkennt, bringt er auch sich selbst geistig hervor; und indem der Mensch den Engel denkt, gelangt der Engel zu einem geistigen Selbstbewusstsein, das ihn vom Menschen unterscheidet. Das geistige Bewusstsein des Menschen kann nicht ohne geistiges Selbstbewusstsein des Engels und das Bewusstsein des Engels nicht ohne geistiges Selbstbewusstsein des Menschen entstehen. Der Mensch begreift sich durch den Engel als Mensch, und der Engel begreift sich durch den Menschen als Engel. Würde der Mensch nicht durch den Engel von einer übersinnlichen Wirklichkeit Kenntnis erhalten, so könnte er sich seiner selbst als irdisches Wesen nicht bewusst werden. Würde der Engel nicht durch den menschlichen Geist Kenntnis von der irdischen Wirklichkeit erhalten, so könnte er sich seiner eigenen rein geistigen Existenz nicht bewusst werden. Die eine Existenzform kann nur durch die Unterscheidung von der andern wahrgenommen und begriffen werden. Indem der Mensch den Engel denkt, begreift er sich selbst als Nicht-Engel; indem der Mensch sich selber denkt, begreift er den Engel als Nicht-Menschen. Klünker interpretiert mit diesen Sätzen eine Ausführung von Johannes Scotus Eriugena aus dem schon genannten Buch *Einteilung der Natur/De divisione naturae* wo er sagt: Die Bejahung des Menschen ist nämlich die Verneinung des Engels, die Verneinung aber des Menschen ist die Bejahung des Engels und umgekehrt. Dass das so ist, liegt am Wesen des Denkens selbst. Denn so wenig, wie der

Begriff *groß* gedacht werden kann, ohne dass man insgeheim etwas Grosses mit einem Kleineren vergleicht, ebenso wenig kann der Begriff Mensch gedacht werden, wenn er sich nicht von Tier oder Engel abheben kann. Erst zwischen Tier und Engel kann der Mensch sich seiner spezifisch menschlichen Eigenart und Würde bewusst werden.

Engelbewusstsein und Gesundheit

So wie das Denken unmittelbar mit der Frage nach der Wahrheitsfindung zusammenhängt, so hängt auch die körperliche und seelische Gesundheit letztlich mit der Wahrheitsfrage zusammen. Was ist Gesundheit anderes, als dass die verschiedenen Funktionen und Kräfte zusammenstimmen. Und was ist Wahrheit anderes, als dass etwas *stimmt*. Das Gesundheitsgefühl ist abhängig davon, dass Stoffe, Prozesse und Kräfte im richtigen Maß aufeinander wirken und untereinander geordnet sind. In diesem Sinn hat die Frage nach Engelnähe und Engelwirksamkeit viel mit einer nachhaltigen Gesundheitspflege zu tun. Individuelles und soziales Leben brauchen die Stimmigkeit, die Identifikation, Förderung und Pflege von Zusammenhängen, die Sinn machen. Nichts fördert negative Sozialprozesse und Unstimmigkeiten mehr, als wenn Unsicherheit, Zweifel und Distanzierung eintreten und eine Identifikation mit sich selbst oder einer bestimmten Lebenssituation nicht mehr gegeben ist. Demgemäß hängt auch die Gesundheit der äußeren Natur, der Umgang mit Landwirtschaft und den natürlichen Ressourcen davon ab, inwiefern man sich an Fragen des ökologischen Gleichgewichts, der natürlichen Regenerationsmöglichkeiten in Boden und Gewässer orientiert und auch hier wieder sensibel wird für Botschaften, durch die wir vom Leiden der Natur unter der menschlichen Willkür berührt werden.

Und wenn der Mensch seine Erkenntnisaufgabe dem Engel gegenüber nicht erfüllt?

Die Antwort ist einfach: wenn der Mensch seine Erkenntnisaufgabe dem Engel gegenüber nicht erfüllt, geschieht dasselbe, wie wenn er seine Erkenntnisaufgabe sich selbst gegenüber nicht erfüllt. Die Folgen sind Leid und Ohnmacht. Ohne den Willen zur Selbsterkenntnis ist der Mensch nicht in der Lage, Schwierigkeiten oder Krisen des Lebens zu meistern, und sensibel für die Botschaften aus der Engelwelt zu sein, die Klarheit schaffen, aufrichten und weiterführen können. Dieses Leiden betrifft aber nicht nur das persönliche Leben, die eigene Biographie. Viel mehr als daran leidet gegenwärtig eine große Anzahl von Menschen an dem, was wir als Zeitgenossen miterleben müssen, was alltäglich rund um den Globus herum an Not, Elend und Brutalität über die Medien ins Bewusstsein tritt. Immer dann bekommt das Leiderleben etwas Zerstörerisches, Vernichtendes, Ohnmacht auslösendes, wenn wir diesem Leiden keinen Sinn abringen können. Nichts führt unmittelbarer in Krankheitszustände hinein als anhaltendes Erleben schierer Sinnlosigkeit. Früher oder später sind Krankheit oder Abhängigkeit von Betäubungsmitteln bzw. Drogen die Folge. Wacht man im Leid nicht auf für die spirituelle Wegsuche, so wird auf physischen Wegen nach einer Möglichkeit gesucht, das Leid zu beenden oder zumindest für das Bewusstsein zu relativieren wenn nicht gar auszulöschen. Wenn der Mensch seine Erkenntnisaufgabe dem Engel gegenüber nicht erfüllt, steht er vor der Gefahr, seiner im besten Sinn des Wortes tierischen Natur zu verfallen. Was ist spezifisch tierisch? In Abhängigkeit von seinen eigenen Instinkten, Trieben und Begierden zu leben, d.h. in Abhängigkeit von den Bedürfnissen des physischen Organismus. Tiere sind in ihrer individuellen und sozialen Lebensverwirklichung und Eingebundenheit in die Natur bedeutend vollkommener als der Mensch. Durch ihre Instinktgeleitetheit können sie keine Fehler machen und sind - so gesehen - vollkommener als der Mensch, wenngleich auch auf einer niedrigeren Stufe, da sie weder das Bewusstsein der Freiheit besitzen, noch aus diesem Bewusstsein heraus handeln und Neues schaffen können. Eine Kuh oder ein Hund können im Laufe ihres Lebens nicht *kuhiger* oder *hundiger* werden, wohingegen es jedem Menschen gegeben ist, zeitlebens noch menschlicher zu erscheinen. So wie die Tiere auf einer niedrigeren Entwicklungsstufe vollkommener sind als der Mensch, sind es die Engel auf einer höheren Stufe. Der Mensch ist demgegenüber ein unvollkommenes Tier; ihm fehlt die Instinktsicherheit bis dahin, dass er lernen muss, wie man sich gesund ernährt, wie man gut schläft und sich menschenwürdig fortpflanzt. Selbst die natürlichsten Dinge müssen wir lernen, bzw. können sie nur durch Lernprozesse optimieren und auf menschenwürdige Art weiterentwickeln. Die Engel hingegen sind so vollkommen wie unsere Gedanken, unsere Ideale. Sie leben bereits jetzt, wonach wir als Menschen suchen, was wir erst nach und nach verwirklichen können. Diese doppelte Unvollkommenheit des Menschen bringt es aber auch mit sich, dass es zu den menschlichsten Eigenschaften gehört, nicht nur zum Fehlermachen veranlagt zu sein, sondern insbesondere die Fähigkeit zu haben, aus Fehlern zu lernen. Wenn wir perfekt sein wollen, sind wir immer in Gefahr, *tierisch ernst* zu werden, oder aber ein moralisches Image aufrecht zu erhalten, hinter dessen Fassade sich nur allzu oft verdrängtes oder verheimlichtes Fehlverhalten verbirgt. Ganz abgesehen von der Illusion, die dadurch bei einem selbst entstehen kann, als wäre man bereits weitgehend entwickelt und nur der Rest der Menschheit so erschreckend rückständig. Eine solche Haltung führt zu einem ungesunden Lebensgefühl. Unterstützt wird dies durch das heutige Professionalitätsdenken. Selbstverständlich habe ich nichts gegen Professionalität. Ich sehe es jedoch als ein Problem an, für alles und jedes den Profi zu fragen, anstatt selber nachzudenken, sich selber eine gewisse Kompetenz zu erwerben. Auch wenn es bequemer ist, auf jede Frage im Internet oder bei Fachleuten nach einer Antwort zu suchen - so ist es eben doch ein Problem, wenn wir letztlich Informiertsein mit selber denken und wirklichem Wissen verwechseln. Je weniger wir selber denken, je weniger Chance haben wir, an der eigenen Entwicklung bewusst zu arbeiten und die damit verbundenen Engelbegegnungen zu erleben. Je mehr wir uns abhängig machen von Fachleuten, umso mehr setzen wir freiwillig eine Entwicklung fort, die früher von den Herrschern im Bereich der Politik und Religion mit uns sozusagen unfreiwillig geschehen ist. Als der einzelne Mensch noch nicht fähig war, selber zu denken und sein Leben selber zu verantworten, war Führung von außen durch Staat und Kirche notwendig und die alten hierarchischen Systeme hatten ihre Berechtigung. Heute jedoch sind sie nicht mehr berechtigt, sondern vielmehr gefährlich, weil sie die Entwicklung zur Freiheit und individuellen Verantwortung behindern oder in Frage stellen. Da jedoch das mit dieser Entwicklung verbundene Erleben von Unsicherheit und Einsamkeit von vielen sehr schmerzhaft erlebt wird, besteht die Gefahr, Ersatzautoritäten zu verfallen oder von Drogen und Medikamenten abhängig zu werden. Wer dem gegensteuern will, muss wieder Freude am Lernen entwickeln, am Fehler machen und Verzicht leisten, die Schuld für eigene Probleme beim Umfeld oder den andern Menschen zu suchen und damit an andere *zu delegieren*. Nur wer selber für seine Entwicklung die Verantwortung übernimmt und sich zu dem Eigenanteil an Problemen und Fehlern bekennen kann, kann sein Entwicklungs-potential voll entfalten und nutzen. Abgesehen davon ist die Toleranz gegenüber Fehlverhalten bei sich selbst und der Wille, aus Fehlern zu lernen, auch eine der besten Übungen in Toleranz für die Mitwelt und Geduld mit anderen. So wie Menschen, die einander lieben, immer mehr voneinander wissen und lernen und dadurch immer mehr eins werden, obwohl sie dabei frei und individuell bleiben, so geschieht dies in ähnlicher Weise mit Mensch und Engel. Je mehr wir mit ihm zusammenwachsen, je näher kommen wir unserem Entwicklungsziel. Wir werden dadurch nicht unfreier, unindividueller, sondern nur unendlich viel bewusster.

Zum Abschluss möchte ich ein Gedicht vorlesen vom russischen Philosophen Vladimir Solovjov, das er im Hinblick auf Weihnachten und aus seiner Engelerfahrung heraus geschrieben hat:

Die Nacht auf Weihnachten

Zwar Sünden ohne Zahl und schreckliche Verbrechen
sind seit dem Wendepunkt der Zeiten noch geschehen.
Doch das Gewissen muss seit dem uns schuldig sprechen.
Sein heiliges Feuer kann und wird nicht mehr vergehen.
Denn nicht umsonst ist jene Nacht erschienen,
in der als Menschenkind in diese Welt geboren ward Er,
dem die Engel dienen.
Der Sohn des Vaters überm Sternenzelt.
In tiefster Tiefe weiß die Welt doch auch noch heute,
dass unverschüttet strömt der Wahrheit Lebensquell
und töne auch ihr Wort als Grabgeläute
auf einem Trümmerfeld es tönt doch, laut und hell.
Die Welt verwarf das Licht, das in ihr ward geboren.
Doch in Gewissen strahlt's als Fackeln in der Nacht.
Der Herrscher dieser Welt hat seinen Sieg verloren
gestürzt durch Geisteskraft und nicht durch äußere Macht.

Vielen Dank für das gute Zuhören.

Literaturhinweise

[1] Felix Dahn: Ein Kampf um Rom, dtv, 2009

[2] Adrienne Lochte: Sie werden dich nicht finden, Droemer/Knaur 2004

[3] Rudolf Steiner: Die Geheimwissenschaft im Umriss (GA 13, 1910), Rudolf Steiner Verlag, Dornach 2021

[4] Wolf-Ulrich Klünker: Die Erwartung der Engel, Verlag Freies Geistesleben, Stuttgart 2010

Weitere Literaturhinweise

Rudolf Steiner: Vom Wirken der Engel, Stuttgart 2021

Johannes Scotus Eriugena: Über die Einteilung der Natur. L. Noack (Hrsg), 2022

Michaela Glöckler: Vom Wirken der Engel im menschlichen Leben, Esslingen 1997

Mario Betti: Engel. Ihr Wesen und Wirken in der Gegenwart, Bad Liebenzell/Unterlengenhardt 2011

Hans-Werner Schroeder: Mensch und Engel, Die Wirklichkeit der Hierarchien, Stuttgart 2002

Aussprache

Wenn man den Engel sucht, woher weiß man denn, dass es der Engel ist und nicht sogar der Teufel?
Hierzu gibt es eine berühmte Erzählung von Albertus Magnus. Vor seinem Eintritt in den Dominikanerorden hatte er einen Traum, in dem ihm sein Engel erschien. Tief und ernst schaute er ihm in die Augen und sagte: für Dich ist nicht bestimmt, diesen Ordensweg zu gehen. Du wirst Dein Gelübde brechen und an Dir verzweifeln. Er wacht auf und ist tief berührt von diesem übersinnlichen Erlebnis und nimmt sich vor, dieser Botschaft zu folgen. Am Sonntag geht er dann wie gewohnt in die Kirche. Dort predigt der Priester, wie der Teufel den Menschen dann am besten in Versuchung führen kann, wenn er im Engelsgewand erscheint. Blitzartig wird ihm klar, dass sein Nachterlebnis mit dem Teufel war, der ihn von seinem Ent-schluss, Mönch zu werden, abbringen möchte. Leid und Schmerz um jeden Preis vermeiden wollen, ist demnach keine Engelbotschaft.
Wenn mich das Leid wach macht und ich bin dann im Leid, so kommt bei mir schnell der Vorwurf und die Schuldzuweisung: du bist eben auch so blöd gewesen und jetzt hast du diese Tinte nötig, weil

du vorher freiwillig dich nicht angestrengt hast. Warum wollen Sie denn perfekt sein? Warum muss es denn immer schön sein, prima sein? Der Engel hat uns an der Hand, wenn wir an unseren Unvollkommenheiten wachsen und sie annehmen. Es ist dies natürlich eine Gradwanderung. Sie macht jedoch unsere Freiheit aus.

Damit hängt jetzt auch die Frage nach der Stellung zum Leid eines anderen zusammen und auch die Beziehung zum Engel eines andern.

Das sind Fragen, die tatsächlich nahe miteinander zusammenhängen. Wenn ich auf das Leid eines andern blicke mit der besserwisserischen Mine: ja, das hast Du wohl nötig gehabt - dann merkt man sofort, wie unmenschlich ein solches herablassendes Anschauen ist. Wenn ich jedoch auf das Leid eines andern so hinblicke, dass ich vor Mitleid zerfließe, so bin ich auch nicht in der Lage, dem andern beizustehen bzw. die Würde des andern auch im Leid zu respektieren. Weder arrogante Distanz noch selbstquälerische Projektion sind hilfreich. Hier braucht es eine Engelqualität, die man am ehesten mit dem Wort Keuschheit bezeichnen kann. Keuschheit kennzeichnet eine Beziehung, in der Abstand und Nähe in idealer Weise zusammenkommen. Nicht dass wir uns fragen, würde ich das Leid des andern aushalten, ist für ihn hilfreich

- denn er steht unmittelbar darinnen. Wohl aber ist hilfreich, wenn ich mit ihm gemeinsam die Sache anschaue, trage und nach dem Sinn dieser Botschaft frage. Nicht die Schuld ist interessant, sondern die Botschaft. Nicht der Fehler, sondern das, was daraus gelernt werden kann.

Wie nehme ich die Verbindung mit dem Engel eines andern auf?

Dadurch, dass ich Respekt entwickle für die Autonomie des andern und die Würde seines Schicksals empfinde. Dadurch komme ich in die Nähe des Engels des andern. Dann können Mütter ihre Kinder, die u.U. über Jahre wie abtauchen und echt gefährdet sind, sozusagen gemeinsam mit dem Engel begleiten und durchhalten. Dasselbe gilt für Partner, Freunde, Lehrer und Schüler, aber auch Kinder und Eltern.

Können Engel den Menschen wechseln, den sie betreuen?

Für mein Erleben würde das keinen Sinn machen. Definiert sich doch der Engel gerade durch den Menschen, den er begleitet. Er ist der Bote, der den Menschen durch all seine Erdenleben bis ans Ende seiner Entwicklung führt und sich dadurch seiner Engelnatur ebenfalls Stufe um Stufe bewusst wird.

Allerdings ändert sich das Menschen-/ Engelverhältnis im Lauf der Zeiten durchaus, so wie es heute abend auch verschiedentlich angesprochen wurde. So ist auch typisch für die erste Lebenshälfte, dass wir uns überwiegend dem Engel gegenüber schuldig fühlen. Der Engel erscheint uns sozusagen im Vorwurfskleid. In der zweiten Lebenshälfte ist es dann leichter, anstelle der Schuld den Begriff des Gewissens zu setzen. Denn das gute Gewissen spricht nicht von Schuld, sondern davon, was man besser machen, was man aus einer schwierigen Versagenssituation für sich und andere gewinnen und lernen kann. Die Gebote aus dem Alten Testament erzeugen die Möglichkeit der Gebotsübertretung und damit auch das Schuldbewusstsein. Im Neuen Testament hingegen gibt es nur ein Gebot, das der Liebe. Wenn man dieses übertritt, so schlägt das Gewissen und befeuert einen, an der eigenen Lieblosigkeit zu arbeiten. Das Gewissen wird der Ort, wo der Engel spricht, wo man ihn fragen kann, und er als Bote Gottes von der Zukunft, von der Entwicklung sprechen kann. Dies ist immer aufmunternd, positiv, entwicklungsorientiert.

Wie erkenne ich den Engel und welches Bild kann ich mir von ihm machen?

Diese Frage wurde Rudolf Steiner öfters gestellt. Er hat dann geantwortet, man könne sich den Engel zunächst ruhig so vorstellen, wie man es von der Kindheit her gehört oder auf Bildern gesehen hat. Wenn man dies immer wieder tun würde und sich den Engel in hellem Gewand, schön, mit ausdrucks- vollen Augen, einem Musikinstrument in der Hand - Harmonie verkündend - vorstellt, so könnte man vertrauen, dass der Engel selber mithilft, dass diese Vorstellung immer mehr dem entspricht, was wahr ist. Der Schritt vom Engelbild mit Flügeln zum Engelbild als einem Boten aus der Wirklichkeit des Gedankenlebens stellt sich ein. Auch bei Menschen ist es so, dass wenn sie uns begleiten oder wir sie, es nicht primär um das physische Bild geht, sondern um Wesenseigentümlichkeiten, um Ereignisse, um Worte, die sie sagten, oder Erlebnisse, die uns verbinden. Dieses aber sind moralische Qualitäten, die wir uns zwar anhand eines Bildes in Erinnerung rufen können, die jedoch selbst spirituell-wesenhafte Substanz haben und uns darauf hinweisen können, dass die Gesetzmäßigkeiten in der Sinneswelt andere sind als die in der nichtsinnlichen, d.h. übersinnlich-geistigen Welt. Das physische Bild kann zum Anhaltspunkt werden, auf das Wesentliche, Wesenhafte, Bildlose, nur noch gedanklich Fassbare oder gefühlsmäßig Erlebbare hinblicken zu können.

Wo sind die sinnliche und die übersinnliche Welt einander nahe? Wo sind sie weit entfernt auseinander? Wie können wir lernen, diese beiden Welten nicht ständig zu vermischen und von der geistigen Welt erwarten, dass sie so ist wie die sinnliche, und von der sinnlichen, dass sie so ist wie die geistige?

Wir leben als Menschen auch in bildlosen, inspirativen, rein Wort gestützten, oder intuitiven, rein moralisch-anwesenheitsgestützten Bewusstseinszuständen. Die gedankliche Bildebene ist nur eine Dimensionsebene unseres Bewusstseins, die imaginative. Da machen wir uns Bilder. Aber es gibt auch Regionen, da machen wir uns keine Bilder, da hören wir. Und es gibt solche Regionen, da leben wir als Wesen in anderen Wesen - sozusagen ich in Dir, Du in mir. Sich dieser Qualitäten bewusst zu werden, ist eine wichtige Aufgabe heute. Dadurch klärt sich dieser Fragenkomplex. Leider erlaubt es die Zeit nicht, ausführlicher darauf einzugehen.

Können Sie zur Schuld noch etwas sagen?

In der ersten Lebenshälfte sind wir sensibler für Schuld als in der zweiten. Woran liegt das? Weil wir in der Regel in der zweiten Lebenshälfte begabter sind, soziale Fähigkeiten zu entwickeln, und damit lernfähiger sind im Hinblick auf das Wesen der Liebe, das etwas sehr anderes ist als Sympathie, die man verscherzen kann. Ich möchte hier an die Beschreibung des ersten Korintherbriefs erinnern, wo es von der Liebe heißt, dass sie die Seele groß macht, mit Güte erfüllt, den Neid nicht kennt, nicht die Prahlerei, nicht den Hochmut. Dann heißt es weiter: sie sucht nicht das ihre, sie verletzt nicht die Würde, sie lässt sich nicht verbittern, sie trägt niemandem Böses nach, freut sich nicht über Unrecht, freut sich nur mit der Wahrheit. All diese Fähigkeiten sind tragende soziale Qualitäten. Und wenn es dann am Ende des Korintherbriefes heißt: die Liebe umkleidet alles, durchströmt allen Glauben, darf auf alles hoffen, kann überall Duldung üben und kann, wenn sie ist, nicht verloren gehen - so ist damit die spezifisch menschliche Wesenssubstanz beschrieben, die zu entwickeln Sinn allen Erdenleides und aller Erdenfreude ist. Je weiter ich weg bin von einem Verstehen und Entwickeln dieser Liebequalitäten, umso schuldiger und dem Menschenwesen ferner fühle ich mich. Je besser wir verstehen, wie viel Eigenliebe und selbstquälerisches Bessersein-wollen als man ist in Schuldkomplexen verborgen liegt, umso leichter kann man sich davon frei machen und die Fähigkeiten entwickeln, um die es eigentlich im Leben geht.

Nun darf ich Ihnen eine gute Nacht und einen friedlichen Heimweg wünschen!

Die Biographie des Menschen u. ihre geistigen Gesetze
ISBN 978-3-932161-89-6

Krankheit und Schicksal
ISBN 978-3-932161-11-7

Leben vor der Geburt
ISBN 978-3-932161-15-5

Leben nach dem Tod
ISBN 978-3-932161-16-2

Die Kulturaufgabe des alten Menschen
ISBN 978-3-932161-20-9

Wahrheit & Lebenskraft
ISBN 978-3-932161-33-9

Gesundheit verstehen
Anthroposophische Medizin und Krebsvorbeugung
ISBN 978-3-932161-74-2

Die Kraft der Krise (mit Mathias Wais)
Männliche und weibliche Potenziale sich neu zu (er-)finden
ISBN 978-3-932161-70-4

Spiritualität & Gesundheit (m. V. Fintelmann/J. Schürholz)
Am Beispiel der Krebserkrankung
ISBN 978-3-932161-62-9

Partnerschaft und Ehe (mit Ulrich Meier)
verstehen und Sinnstiftend leben
ISBN 978-3-932161-77-3

Weitere Buchtitel: www.gesundheitspflege.de

... mehr Kompetenz in Gesundheitsfragen